JN040680

コンパス
音楽表現

編著：駒 久美子・味府美香

共著：疇地希美・荒巻シャケ・甲斐万里子・木下和彦・香曽我部琢
　　　郷津幸男・千葉修平・二宮紀子・早川冨美子・藤尾かの子
　　　古山律子・松本哲平・若谷啓子

建帛社
KENPAKUSHA

まえがき

　2019（平成31）年4月，新しい教職課程が始まりました。保育者養成にあたる大学等においても，何をどのように指導していくか，これまで以上に授業のあり方に工夫が求められています。その際，いずれにおいてもその中心にあるのは「子ども」であることはいうまでもないでしょう。

　本書は，そのことを念頭におき，特に音楽表現において「何を」指導するか，に焦点をあて，音楽表現の学問的な背景や基盤となる専門的事項についての知識や技能，表現力を身に付けることを目指しています。

　具体的には，乳幼児の音楽表現の発達，及びそれを促す要因について理解を深め，乳幼児の感性や創造性を豊かにする様々な音楽表現遊びや環境の構成等について実践を通して身に付けることができるような章構成となっています。また，幼稚園教育要領等に示されている領域「表現」のねらいと内容にみられる音楽表現を含みつつ，それ以外にも幅広く柔軟な音楽表現の探究を含めることによって，より専門的な知識・技能等を修得できるような内容にしました。

　本書の特徴は，既製の楽曲にとらわれず，自分たちで「つくる」こと，「即興する」ことを中心にしている点にあります。子どもの日常生活や遊びに見られる様々な音を介した表現は，即興的に行われることが多く，こうした子どもの表現を読み取るために，未来の保育者自身も，自分で音楽をつくったり，即興で表現したりすることを経験することが肝要です。テキストはあくまでも，その一例であり，本書を活用する皆さんによる新しい音楽表現が生まれることを願っています。

　これから保育者を目指す皆さん，現職の保育者の皆さんにも，本書が皆さん自身の音楽的な感性を豊かにする一助となれば，編著者一同喜びに堪えません。

2020年3月

編者代表　駒 久美子

目　　次

第4章　声で奏でる　35

第5章　身近な素材で奏でる　45

第1章　領域「表現」とは

　本章では，領域「表現」において，音楽表現がどのように取り扱われているか，歴史的変遷や「幼児期の終わりまでに育ってほしい姿」との関連等を通して理解する。さらに，乳児期の音楽表現の発達や，領域「表現」と小学校音楽科教育の学びが，どのように連続しているのかについて理解を深める。

1　領域「表現」における音楽表現の扱い

（1）領域「表現」の歴史的変遷

　幼稚園教育要領[*1]（以下，教育要領）は，1956（昭和31）年に刊行され，1989（平成元）年の改訂まで，保育内容は「健康」「社会」「自然」「言語」「絵画制作」「音楽リズム」の6領域であった。1956（昭和31）年の改訂では，「望ましい経験」を6つの「領域」に分類整理し，指導計画の作成を容易にするとともに，各領域に示す内容を総合的に経験させることとして小学校以上における教科との違いを明示した。さらに，保育内容を領域によって系統的に示すことにより，小学校との一貫性について配慮していた[1]。1989（平成元）年には，① 幼稚園教育の基本を明確に示すことにより，幼稚園教育に対する共通理解が得られるようにすること，② 社会変化に適切に対応できるように重視すべき事項を明らかにして，それが幼稚園教育の全体を通して十分に達成できるようにすること，という2つの観点から全面改訂を行った[1]。それによって保育内容は，ねらいや内容を幼児の発達の側面からまとめて「健康」「人間関係」「環境」「言葉」「表現」の5領域となり，幼稚園生活の全体を通してねらいが総合的に達成されるよう「ねらい」と「内容」の関係を明確化した[1]。この改訂に合わせて，1990（平成2）年には保育所保育指針（以下，保育指針）も改定さ

＊1　1956（昭和31）年以前の保育内容については，1899（明治32）年に「幼稚園保育及設備規程」として日本で初めて保育内容が定められた。そこでは「遊嬉」「唱歌」「談話」「手技」の4項目があげられていた。その後，1926（大正15）年には「幼稚園令」が発布され，先にあげた4項目に「観察」と「等」が加えられた。さらに1948（昭和23）年には，保育要領が刊行され，ここでは保育内容は，楽しい幼児の経験として12項目が示された。

1）　文部科学省「幼稚園教育要領改訂の経緯及び概要」

れ，3歳以上児の保育内容については，教育要領と同様に5領域となった。その後およそ10年毎に改訂（定）されることとなり，教育要領の改訂とともに，保育指針も改定され，2017（平成29）年には，教育要領，保育指針，幼保連携型認定こども園教育・保育要領（以下，教育・保育要領）が同時に改訂（定）された。

（2）領域「表現」のねらい及び内容と育みたい資質・能力，「幼児期の終わりまでに育ってほしい姿」との関係性

保育内容が5領域によって示されていることはすでに述べたが，各領域では，それぞれ「ねらい」と「内容」によって幼児の発達をとらえている。「ねらい」は，幼稚園教育において育みたい資質・能力を幼児の生活する姿からとらえたものであり，「内容」は，ねらいを達成するために指導する事項である。幼稚園教育において育みたい資質・能力とは，平成29年版教育要領に新たに示された3つの資質・能力，すなわち，（1）豊かな体験を通じて，感じたり，気付いたり，分ったり，できるようになったりする「知識及び技能の基礎」，（2）気付いたことや，できるようになったことなどを使い，考えたり，試したり，工夫したり，表現したりする「思考力，判断力，表現力等の基礎」，（3）心情，意欲，態度が育つ中で，よりよい生活を営もうとする「学びに向かう力，人間性等」である[2]。そして，これらの資質・能力は，各領域の「ねらい」及び「内容」に基づく活動全体によって育むことが明記されている。さらに，こうした「ねらい」及び「内容」に基づく活動全体を通して資質・能力が育まれている幼児の幼稚園修了時[*2]の具体的な姿を示したものが「幼児期の終わりまでに育ってほしい姿」である。これは，保育者が指導を行う際に考慮するものである。つまり，「幼児期の終わりまでに育ってほしい姿」は到達目標ではなく，子ども一人一人の発達や遊びを通して，5歳児後半までに育みたい姿なのである。これは，3歳，4歳，さらには乳児期からの全体を通して育まれることを理解し，子どもの発達段階に応じて，ふさわしい指導を積み重ねていくことが大切である。

（3）領域「表現」における音楽表現の扱い

「幼児期の終わりまでに育ってほしい姿」には，「健康な心と体」，「自立心」，「協同性」，「道徳性・規範意識の芽生え」，「社会生活との関わり」，「思考力の芽生え」，「自然との関わり・生命尊重」，「数量・図形，標識や文字などへの関心・感覚」，「言葉による伝え合い」，「豊かな感性と表現」の10の姿が示されている。このうち，領域「表現」と最も関わりが深いと考えられるのは「豊かな

[2]　文部科学省『幼稚園教育要領』（第1章第2）2017.
　保育指針では第1章4，また，教育・保育要領では第1章第13に示されている。

[*2]　保育指針では「小学校就学時」，教育・保育要領では「幼保連携型認定こども園修了時」と示されている。

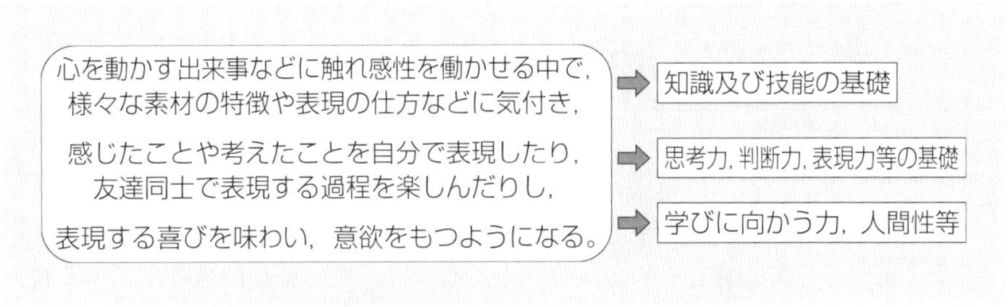

心を動かす出来事などに触れ感性を働かせる中で，様々な素材の特徴や表現の仕方などに気付き，　➡　知識及び技能の基礎

感じたことや考えたことを自分で表現したり，友達同士で表現する過程を楽しんだりし，　➡　思考力，判断力，表現力等の基礎

表現する喜びを味わい，意欲をもつようになる。　➡　学びに向かう力，人間性等

図1－1　「豊かな感性と表現」と3つの資質・能力

感性と表現」である。この「豊かな感性と表現」を3つの資質・能力からみてみると，図1－1のように読み取ることができる。

　1989（平成元）年改訂以前の教育要領における領域「音楽リズム」では，例えば「役割を分担したり，交替したりなどして，楽器をひく」[3]や「知っている旋律に自由にことばをつけて歌う」[3]等，子どもの具体的な表現の姿があげられていたが，平成29年版教育要領の領域「表現」の「内容」ではそうした具体的な姿はあげられていない。「（6）音楽に親しみ，歌を歌ったり，簡単なリズム楽器を使ったりなどする楽しさを味わう」[4]と示すにとどまっている。それは「内容の取扱い（3）」に「表現する過程を大切にして自己表現を楽しめるように工夫すること」[4]とあるように，子どもたちが遊びや生活のなかで，様々な経験を積み重ね，感じたことや考えたことを様々に表現しようとする，その表現する「過程」が大切であるからである。そのため，「内容」の「（4）感じたこと，考えたことなどを音や動きなどで表現したり，自由にかいたり，つくったりなどする」[4]のように，子どもたちが生活のなかで経験するもの・ことを，音楽表現だけにとどまらず，身体表現や，造形表現も含んだ多様で総合的な表現として育むことが大切である。

3）文部科学省『幼稚園教育要領』（第2章表現）1989.

4）文部科学省『幼稚園教育要領』（第2章表現）2017.

写真1－1　シンバルの響きを楽しむ

写真1－2　手づくりピアノで楽しむ

2 乳幼児の音楽的表現の発達

平成29年版保育指針では，乳児保育に関わるねらい及び内容として，① 身体的発達に関する視点として「健やかに伸び伸びと育つ」，② 社会的発達に関する視点として「身近な人と気持ちが通じ合う」，③ 精神的発達に関する視点として「身近なものと関わり感性が育つ」という3つの視点が定められている[5]。保育者は，これらの視点を意識しながら乳幼児の音楽的表現を支えることが重要である。ここではまず，乳幼児と音・音楽との関わりの基盤となる，胎児期から発達する「聴力」，すなわち音を聴き取る力の発達からみていこう。

（1）聴くことの発達

乳児は出生するまで，母親の胎内に約40週いるが，胎児期から，視覚を除くその他の感覚系（皮膚感覚，平衡感覚，嗅覚，味覚，聴覚）はすでに成熟した状態にあるといわれている。胎児の聴覚は，受精後24週頃には完全に機能するようになり，27週目以降には外界の音に対して反応することが明らかになっている[6]。胎児は，母親や胎児自身の心臓や血管の音，消化管の音等の母体内の音と，人の声や音楽等の母体外の音が聴こえている。ただし，胎児は，子宮内背景音と呼ばれるきわめて特殊な音環境にいるため，音の聴こえは，私たちと異なる。子宮内で起こる音あれば，走行中の乗用車の車内の騒音レベルと同程度の，ある程度大きな音として聴こえている。一方，外界の音は，母体と羊水によって大幅に弱められるが，胎児は，このような音環境の中にあっても，特定の種類の音を区別して聴き取っているといわれており[7]，とりわけ母親の声を好む傾向が出生前から見られることが明らかになっている[8]。例えば，出産予定日近くの胎児は，母親の声を聴くと2分間心拍数が増えるが，知らない人の声を聴いた時には減る。また，新生児は，知らない女性の声よりも母親の声の方を好む姿が見られる。こうした母親の声の認識は，母親の声に対して明確な反応を示すことが胎児期からすでに始まっていることと関係している[8]。

このように，胎児期からとりわけ母親の声に敏感に反応することが明らかになってきているが，出生後に乳児が特に好むのが，母親によるマザリーズである[9]（第1章コラム参照，p.11）。その声は，やや高い音声で，抑揚が非常に大きい話し方という特徴をもつ。歌い掛けるようにして語り掛けるマザリーズによって，乳児は，養育者との間に愛着を形成すると同時に，人の声の変化を楽しむようになる。このような乳児の姿は，音楽性の芽生えと見なすことができる。

5）厚生労働省『保育所保育指針』（第2章 1）2017.

6）ジャック ヴォークレール，明和政子監修，鈴木光太郎訳『乳幼児の発達－運動・知覚・認知－』新曜社，2012，p.52.

7）前掲書6），pp.54-55.

8）前掲書6），p.96.

9）呉東進『赤ちゃんは何を聞いているの？－音楽と聴覚から見た乳幼児の発達－』北大路書房，2009，p.10.

　また，近年の保育の世界では，楽音（楽器音
や歌声）のみならず，自然の音や機械音，生活
音，音声のイントネーション等，ものや人が関
わって生み出される音を音素材と見なし[10]，そ
れらを耳から感受することが，子どもの音楽的
な感性を育むために大切であるといわれてきて
いる。このことについて，吉永は，子どもは表
現活動の中で，内面に記憶された様々な事象や
情景を思い浮かべ，それらを新しく組み合わせ
ながら，想像の世界を行き来することを楽しん
でいると述べる。すなわち，想像の世界を構築

写真１－３　氷の音を聴く
　　　　　　（３か月）

するプロセスに，「音」の感受が介在するのである[11]。保育者（幼稚園教諭・保
育士・保育教諭をいう）は，「聴くこと」それ自体に意識的になり，子どもが様々
な音素材と関わることができるような環境を準備するよう心掛けたい。

（２）声を出すこと・歌うことの発達

　乳幼児期の子どもは，既存の歌を歌うだけでなく，生活の様々な場面で歌う
姿が見られる。そしてそれは，乳児期からはじまる音声や言語の発達と密接に
関わっている。以下に，それらを概観する。

　子どもに初めての有意味語（以下，初語（しょご））が現れるまでの１年間は，次の５
つの段階に分けられる[12]。第１段階（０〜１か月）は，ほとんどが呼吸に伴っ
て発せられる反射的な発声や不快な泣き，叫びである。第２段階（２〜３か月）
は，喉の奥をクーと鳴らす「クーイング」と呼ばれる発声が現れる。また，大
人の発声に対して，声を出して反応するようになる。第３段階（４〜６か月）
は，「ヴォーカルプレイ」（声遊び）の時期とも呼ばれ，金切り声やうなり声，
唇を震わせて鳴らすブーブー音等，様々な音声を発す
るようになり，それを子ども自身で楽しむ姿が見られ
る。第４段階（７〜10か月）は，子音と母音による複
数の音節をもつ反復から成る「基準喃語」（例：
bababa, mamama等）が現れる。第５段階（11〜12か月）
では，「まんま」（食べ物）や「わんわん」（犬）等，「初
語」が現れるようになる。

　では，このような乳児期の子どもには，どのような
歌を歌い掛けるのが適切なのだろうか。その１つとし
て，日本語に根ざした抑揚や旋律をもち，ふれあいを

写真１－４　父親の歌い掛けに反応する
　　　　　　（２か月）

10）無藤隆監修，吉
永早苗著『子どもの音
感受の世界－心の耳を
育む音感受教育による
保育内容「表現」の探
求－』萌文書林，2016,
p.22.

11）前掲書10），p.19.

12）岡林典子『乳幼児
の音楽的成長の過程－
話し言葉・運動動作の
発達との関わりを中心
に－』風間書房，2010,
pp.30－31.

写真1－5　母親の歌を聴きながら踊る（1歳3か月）

13）本岡美保子「保育者の間主観的把握による情動調整場面のエピソード記述の分析－乳児はわらべうたをどう感じ，いかに喜ぶのか－」中国四国教育学会，2019，p.7.

14）吉富功修・三村真弓編著『改訂4版 幼児の音楽教育法－美しい歌声をめざして－』ふくろう出版，2019，pp.20－21.

15）丸山慎「楽器への旅路，あるいは音への誘い－乳幼児期の音楽的発達とアフォーダンスの学習－」音楽教育学会実践ジャーナル，15号，2017，p.122.

大切にする「わらべうた」があげられる。近年の研究では，わらべうたを通して，乳児と保育者の関係性が強まることや，両者の感受性を豊かにする可能性があることが明らかになっている[13]。

次に，幼児期以降の歌唱行動の年齢的特徴を概観する[14]。3歳児は，「チューリップ」等の短い曲であれば歌詞を正確に歌う。また，この年齢では，自分の出しやすい声の高さで歌う姿がよく見られる。4歳児は，「あめふりくまのこ」等の長い曲でも，繰り返し歌うことで覚えるようになる。はじめから正確な音の高さで歌うことはまだ難しいが，旋律の輪郭を歌うようになり，次に個々の音の高さを合わせていくという段階を踏む。5歳児は，2番や3番がある曲でも歌詞を間違えずに歌い，さらには気持ちを込めて歌うようになる。また，斉唱だけでなく，交互唱も可能となる。

保育者の歌う姿は子どものモデルである。保育者として，どのような声の出し方や表情をすれば，子どもが心地よくのびのびと歌うことができるのかを探求することが大切である。

（3）モノと関わる・楽器を奏でることの発達

子どもは，身の回りにある音の出るモノや楽器を，振る，握る，叩く，擦る，引っ張る等，自分の体を様々に試しながら探索行動することで，多種多様な音を生み出していく。子どもによって生み出されるそのような音は，一般的な意味合いでの音楽的な音，すなわちそのものや楽器を想起させるような音・音色とは限らない。また，子どもがモノを扱ったり楽器と関わる際には，上記のように様々な方法で音を出すため，一般的な奏法とは異なる場面も多く見られる。しかし近年では，このような姿を「子どもの音楽的な発達のはじまり」としてとらえる[15]。以下に，具体的な子どもの姿を見ながら，その理由を探っていこう。

写真1－6　音の鳴るものを目で追う（2か月）

　2か月の女児（写真1－6）は，頭上にあるおもちゃから音が出ると，それを目で追い，にっこりと微笑む。さらには，そのおもちゃに触れようと手を伸ばす。仰向けで過ごす時間が長く，まだ首が据わらない時期であっても，音の出るモノに対する興味を強く表していることがわかる。この女児のように，生後1年間は，新生時期からの視覚的な探索に始まるといわれている[16]。

　5か月の女児（写真1－7）は，音の鳴るおもちゃをじっと見つめたり，握って音を出すことを繰り返している。この時期になると，モノをつかんだり，握ったりすることができるようになるため，身体運動をともなう探索行動が盛んになる。乳児がいつでも主体的にモノに関わることができるよう，乳児の体のサイズに合った，魅力的な音素材や楽器を環境に準備しておきたい。

　11か月の男児（写真1－8）は，数本の指を使って鍵盤を押したり，両手の手の平で鍵盤を叩いたり等，自らの体の動きを様々に試しながら，ピアノから出る音を楽しんでいる。この時期になると，指を使ってモノをつかむようになる等，手の微細運動が徐々に確立されていくため，モノの扱いに対する幅が広がる。

　1歳の女児（写真1－9）は，手のひらに合う大きさの木のおもちゃを両手で握り，カチカチと音を出すことを繰り返している。1歳頃から一人歩きをするようになるため，この時期の子どもの行動範囲はさらに広がり，また指先の微細運動も相まって，探索行動の範囲が広がる。

　以上のように，乳児期の子どもは，日常生活の中で音の出るモノ，あるいは楽器に主体的に働き掛け，様々音を発見している。しかし，この時期の子どもは，実際の楽器を扱う場合であっても，はじめからそれを「楽器」として認識しているとは限らない。モノや楽器を用いた探索行動を繰り返し行う過程の中で，感覚運動的な関わりから生じた音は，次第に「楽器としての音」への気付きをもたらすようになるといわれている[17]。音楽を，すでにある楽曲等の既成文化の枠組みの中だけでとらえるのではなくて，このような子どもとモノや楽器との関わりを「音楽的な体験の萌芽」としてとらえることが，子どもの豊かな感性を育むために大事な視点なのである。

　最近では，就学前施設（幼稚園・保育所・認定こども園をいう）において，子どもがいつでも楽器に触れることができるように，保育

16) 前掲書15), p.119.

17) 前掲書15), p.122.

写真1－7　おもちゃを握って音を出す（5か月）

写真1－8　両手で鍵盤を叩く（11か月）

写真1－9　両手でおもちゃを叩く（1歳）

室に楽器が置いてある場面を目にすることも多い。幼児期の子どもは，自由な探索の中で楽器の特性を学んでいく。また，遊びの中で，友だちと音を重ねたりすることを楽しむ。保育者として，普段の生活の中で子どもが楽器遊びをすることができるような「音環境」を整えることが大切である。

3 小学校音楽科教育との連続性

子どもの学びの連続性を確保するためには，保育者と小学校教師が相互に共有することのできる視点を持つことが大切である。その手掛かりとして，平成29年版教育要領等では，保幼小連携の視点となる「幼児期の終わりまでに育ってほしい姿」が新たに示された（p.2参照）。平成29年版小学校学習指導要領・音楽においても，幼小連携に関して，「低学年においては，（中略），幼稚園教育要領等に示す幼児期の終わりまでの育ってほしい姿との関連を考慮すること」[18]と明記された。以下に，「幼児期の終わりまでに育ってほしい姿」を手掛かりとして，幼小の滑らかな連携のあり方についてみていこう。

18）文部科学省『小学校学習指導要領（平成29年告示）』（第2章 第6節 第3）2017.

（1）「幼児期の終わりまでに育ってほしい姿」における音楽表現の取り扱い

「幼児期の終わりまでに育ってほしい姿」のうち，音楽にとりわけ関わりが深いと考えられる「豊かな感性と表現」をみてみよう。

（10）豊かな感性と表現
心を動かす出来事などに触れ感性を働かせる中で，様々な素材の特徴や表現の仕方などに気付き，感じたことや考えたことを自分で表現したり，友達同士で表現する過程を楽しんだりし，表現する喜びを味わい，意欲をもつようになる[19]。

19）文部科学省『幼稚園教育要領』（第1章 第2 2 3）2017.
保育指針〔第1章 4（2）〕，教育・保育要領〔第1章 第1 3（3）〕にも同様の内容が記載されている。

子どもは，生活の中で美しい音・音楽に触れ，豊かな感性を育んでいく。さらに，自分の声や体を通して様々な音楽表現を楽しむ中で，音・音楽について，あるいは自らの体の使い方について新たに発見していく。また，音・音楽で表現する喜びを味わうためには，子ども自身による素朴な音楽表現が保育者や他の子どもたちに受け止められることが大切である。このような遊びを基盤とした音・音楽体験を通して，5歳児後半には音楽的能力が身に付いていくのである。

（2）小学校音楽科の目標及び指導内容

一方，小学校音楽科の目標は，次頁のように示されている。

　表現及び鑑賞の活動を通して，音楽的な見方・考え方を働かせ，生活や社会の中の音や音楽と豊かに関わる資質・能力を次のとおり育成することを目指す。

（１）曲想と音楽の構造などとの関わりについて理解するとともに，表したい音楽表現をするために必要な技能を身に付けるようにする。

（２）音楽表現を工夫することや，音楽を味わって聴くことができるようにする。

（３）音楽活動の楽しさを体験することを通して，音楽を愛好する心情と音楽に対する感性を育むとともに，音楽に親しむ態度を養い，豊かな情操を培う[20]。

　大きな特徴としては，音楽科で育成を目指す資質・能力が明確に示されたこと，すなわち「何を理解しているか」「何ができるようになるか」等，学習者である子どもの立場に立った記述がみられることである。

　では，第１・２学年の音楽科の目標はどのように示されているのだろうか。

（１）曲想と音楽の構造などとの関わりについて気付くとともに，音楽表現を楽しむために必要な歌唱，器楽，音楽づくりの技能を身に付けるようにする。

（２）音楽表現を考えて表現に対する思いをもつことや，曲や演奏の楽しさを見いだしながら音楽を味わって聴くことができるようにする。

（３）楽しく音楽に関わり，協働して音楽活動をする楽しさを感じながら，身の回りの様々な音楽に親しむとともに，音楽経験を生かして生活を明るく潤いのあるものにしようとする態度を養う[21]。

　低学年の児童は，歌うことが好きで，模倣して歌ったり，音楽に合わせて体を動かしたりしながら体全体で音楽を受け止めて聴こうとする傾向がみられる。したがって低学年では，楽しさを出発点とした音楽活動が重視される。

20）文部科学省『小学校学習指導要領（平成29年告示）』（第2章 第6節 第1）2017.

21）文部科学省『小学校学習指導要領（平成29年告示）』（第2章 第6節 第2）2017.

（３）５歳児の事例から読み解く「豊かな感性と表現」

事例１−１　うさぎぐみ合奏団！　２年保育 ５歳児・12月

　東京都のH幼稚園では，５歳児の子どもが相談しながら合奏をつくる活動が行われている[*3]。自由遊びの時間に男児１人，女児５人は，それぞれカラービニール袋で作ったトナカイやサンタクロースの衣装を身に付け，伴奏の音源に合わせて合奏を始める。どうやら翌日，誕生会で発表するようだ。子どもたちは「リハーサル！」と言いながら，生き生きと練習を始める。楽器の向きや，鳴らすタイミング等「もっとこうしたい」と言って，何度も練習している。

　この事例から，子どもが自分たちで意図をもって合奏をつくっている様子がわかる。そして，保育者は子どもの表現する過程を大切にし，子どもたちの「発表したい」という気持ちを汲み取って，誕生会で発表する機会を設けてい

＊3　詳しくは，Kumiko Koma, Musical Communication and the Generation of a Musical Community : During Free Play in a Japanese Kindergarten, *International journal of creativity in music education*, vol.5, 2017, pp. 95-113. を参照のこと。

る。これはまさに，「豊かな感性と表現」の姿といえないだろうか。先述したように，小学校の低学年では楽しさを基点とした指導が望まれる。幼児期の音楽体験においては，はじめから音楽的な技術や指導方法に重点を置くのではなく，この事例のように，子どもの「感じる・考える」プロセスと，子どもの「表現したい気持ち」を大切にするという意識を持つことが求められる。

演習課題

課題1：就学前施設で経験した音楽表現，造形表現，身体表現について，あなた自身の幼児期を振り返ってみよう。

課題2：保育場面の映像視聴や，実際の保育を観察して，気付いた子どもの表現を書き出してみよう。

課題3：書き出した子どもの表現について，その表現が生成される過程についてグループで話し合ってみよう。

コラム 「赤ちゃんと音楽―マザリーズ」

　母親が赤ちゃんを目の前にして，優しく微笑み掛けながら「○○ちゃんは，いい子ねえ」「うーん」「うーん。そうなの」と高い声で話し掛けている様子を目にしたことがあるだろう。母親が赤ちゃんに話し掛ける時には，声のトーンを高くして，同時に声の抑揚を誇張する傾向になる。これをマザリーズ（motherese）と呼ぶ[1]。

　マザリーズは，お母さんの言葉，育児語を意味するものである。しかし，母親に限らず広く養育者・保育者にとっても赤ちゃんとの情動的な絆を育み，言葉の発達を促すものといえる。高い声で抑揚を付けて赤ちゃんに話し掛けることを，対乳児発話（infant-directed speech）と呼び[2]，赤ちゃんの周囲に存在する誰もが，赤ちゃんが発する音声の高さやリズムに耳を澄ませながら，ゆっくりと穏やかに繰り返し繰り返し語り掛けを続けていくことが重要なのである。

　地域で行われている「わらべうたサロン（12か月頃までの赤ちゃんと母親が集う会）」でのエピソードを紹介したい。「いちりー，にりー，さんりー…」とわらべうたに合わせて，赤ちゃんの体に触れながら微笑みをたたえていたある母親は，「こういう声を出すって，今日始めてわかった気がする。子どもと二人きりだと私だけが一方的に話しているようで…つい子どもに便利な動画を見せることに頼ってた。これからは，一緒に笑い合えることが増えそう」と語った。マザリーズは，母親が自然に発することができるとは限らないのである。同様に，保育者を目指す学生たちの中にも平板な低い声から抜け出せずに苦労している人もいる。マザリーズの特徴を理解し，赤ちゃんの声や動き，息遣いに寄り添い，共鳴的な響きあいを目指したいものである。そこに，音楽の始まりがみえるのだから。

＊1　正高信男『0歳児がことばを獲得するとき　行動学からのアプローチ』中公新書，1993，p.101.
＊2　内山伊知郎監修，児玉珠美・上野萌子編著『0・1・2歳児の子育てと保育に活かす　マザリーズの理論と実践』北大路書房，2015，p.5.

写真１−10　わらべうたでふれあう親子

写真１−11　赤ちゃん人形に歌い掛ける学生

第2章 手で奏でる

　本章では，感覚器官であり，運動器官でもある「手」に着目する。子どもが体の諸感覚の中でも手に意識を向け，手からイメージを膨らまし，自発的に遊ぶことができるような手あそびを知るとともに，子どもとともに手あそびをつくる可能性を探る。さらに手で語る手話に対する理解も深めたい。

1 手あそびとは

　手あそびは遊びである。遊びであるからこそ，子どもにとって楽しい活動であり，手あそびをすること，それ自体が目的である。では実際に，手あそびを行うのは，どのような時だろうか。ひとつの活動が終わって，次の活動に移るときに一斉に手あそびを行ったり，絵本の読み聞かせや，降園の集まりに手あそびを行ったりしているのではないだろうか。これらも，もちろんひとつの手あそびの取り入れ方であろう。しかし，手あそびを活動と活動をつなぐだけの遊びにしてしまわずに，もっと子どもたちの自発的な遊びとなるように考えることも必要なのではないだろうか。幼稚園教育要領（以下，教育要領）[*1]や，保育所保育指針（以下，保育指針）[*2]等に示されるように，子どもが自発的に遊ぶことができるような環境を構成する，手あそびもその一端を担うことができると考えられる。

　手あそびは体の諸感覚を通して遊ぶことができるものである。手は運動器官であり，感覚器官でもある。例えば聴覚障害のある子どもにとっては，視覚を通して手指の動きをとらえ，共に遊ぶことができる。あるいは，視覚障害のある子どもにとっては，触覚を通して手指の動きをとらえることができる。肢体不自由の子どもにとっては，保育者（幼稚園教諭・保育士・保育教諭をいう）と共に手指を動かしたり，動かす部位に意識を向けたりすることによって，自分

＊1　「幼児の自発的な活動としての遊びは，心身の調和のとれた発達の基礎を培う重要な学習であることを考慮して，遊びを通しての指導を中心として第2章に示すねらいが総合的に達成されるようにすること」
　文部科学省『幼稚園教育要領』（第1章 第1）2017.

＊2　「子どもが自発的・意欲的に関われるような環境を構成し，子どもの主体的な活動や子どもの相互の関わりを大切にすること。特に，乳幼児期にふさわしい体験が得られるように，生活や遊びを通して総合的に保育すること」
　厚生労働省『保育所保育指針』〔第1章 1（3）〕2017.

の体に意識を向けることにつながる。また，手と脳は密接に関係しており，自分で遊びを考えながら手を動かすことは，脳の活性化にもつながり，障害の有無にかかわらず，すべての子どもの発達によい影響を与えるものである。次節では，こうした手あそびをどのように発展させていけばよいのか，具体的なアイデアを提案してみたい。

2 手あそびを知る・つくる

（1）手あそびはコミュニケーションツール

　すでに述べた通り，手あそびは遊びであり，大人の都合で子どもたちを静かにさせたり，集中させるためのものではないということを心に留めておきたい。では，「ガリガリかきごおり」の手あそびを例に，遊びながら考えてみよう。

図2－1　ガリガリかきごおり

事例2－1　　3歳児クラスでの「ガリガリかきごおり」

保育者：最初はいちごのシロップかけるよ

　　　　♪歌♪

A　児：つぎは，ぶどうのシロップがいい

保育者：いいね，じゃあ次はぶどうのシロップで歌ってみよう

　　　　♪歌♪

　事例2－1のように，手あそびは，子どもたちから出てきたリクエストを受けとめて，歌詞を自由に変えながら遊ぶことができる。これにより，自然と言葉のやりとりが生まれ，子どもたちと楽しくコミュニケーションをとるきっかけになるのである。

ワーク2－1　　歌詞を変えて遊ぼう（グループ創作）

ガリガリガリガリかきごおり

【　　　　　　　】のシロップかけて

ぱくっとたべたらべろが

【　　　　　　】になっちゃった　ベー

〔創作方法〕

　①　何のシロップをかけて，べろがどうなるかを考えて【　】を埋める。

　②　最低3つは考える。

　③　歌詞を自由に変えて遊ぶことが目的のワークなので振り付けはしない。

　④　複数のシロップをかける等，自由に発想する。

〔発表方法〕

　①　みんなで考えたシロップを歌詞に入れて，ぱくっとたべたらべろが♪まで歌う。

　②　「べろはどうなったでしょうか？」とクイズ形式で問い掛ける。

　③　参加者からの意見を聞く。

　④　「○○○になっちゃった　ベー」と正解を歌う。

（2）子どものクリエイティブな力

図2-2　ちょこちょこチョコレート

事例2-2　1歳児クラスでの「ちょこちょこチョコレート」

保育者：次は何のチョコレートにする？

1歳児：………

保育者：………

B　児：「これ」と，じゅうたんについていた「くま」の絵を指差した

保育者：くまのチョコレートで歌おうね

B　児：うん

　　事例2-2は，まだ言葉によるコミュニケーションが取りづらい1歳児クラスでのやりとりである。保育者の問い掛けに対して，最初は沈黙した子どもたち…。

このような時保育者は，つい「ほらほら，うさぎとかでんしゃとかなんでもいいんだよ」等，先回りして言ってしまうことも多いのではないだろうか。しかし，事例2－2では，保育者は何も言わずに子どもたちの反応を見守っている。その結果，B児が，絵を使って伝えるという方法を自分なりに考えて実行した。それを見た他の子どもたちも次々に同じ方法で保育者に伝えにくる姿も見られた。1歳児であっても，自分で考えて，新しいことを生み出す，クリエイティブな力をもっている。そのような子どもたちの力をより生かすために，次のワークでさらに保育者に必要な柔軟性を高めていきたい。

ワーク2－2　歌詞も振り付けも変えて遊ぼう（グループ創作）

例

ちょこちょこちょこちょこ　チョコレート

あまくておいしい　チョコレート

ちょこちょこちょこちょこ　チョコレート

【うめぼしの】チョコレート【すっぱい】

ちょこちょこちょこちょこ　チョコレート

あまくておいしい　チョコレート

ちょこちょこちょこちょこ　チョコレート

【　　　　　】のチョコレート【　　　　】

〔創作方法〕

① 何のチョコレートで，どうなるかを考えて【　　　】を埋める。

② 最低3つは考える。

③ 最後の部分の振り付け（表現）も考える。

④ 最後の部分はメロディーにこだわらずに表現してよい。

〔発表方法〕

① みんなで考えた【　　　】の歌詞と振り付けで，グループごとに歌って発表する。

② 他のグループの人たちは，発表グループが発表しやすい雰囲気をつくり，一緒に手あそびを楽しむ。

（3）子どもの発想を面白がって受けとめる

　ここでは，子どもたちのクリエイティブな力をより引き出すために具体的にどのような方法をとることが保育者に求められるだろうか。事例2－3のやり

┏━━━━**事例2－3　　4歳児クラスでの「ガリガリかきごおり」**━━━━┓

保育者：次は何のシロップがいい

Ｃ　児：くるまのシロップがいい

保育者：かけたら面白そうだね，じゃあ車のシロップをかけてみよう

━━━━━━━━━━━━━━━━━━━━━━━━━━━━━━━━━━━━

とりを参考に考えていく。

　手あそびを通して子どもたちとやりとりしていると，上記のように保育者は「え？」と戸惑うような発想に出会うことはたくさんある。そのような時，事例の保育者のように子どもの発想を「面白がって」受けとめ，それを子どもと共有していくことが大切である。

　それにより，「車のシロップでもありなんだ，じゃあ，ぼくもいってみよう」と，子どもたちの想像はさらに広がっていき，新しいアイディアが続々と生まれてくるようになる。つまり，よりクリエイティブな力が高まっていくことにつながるのである。

（4）気を付けること

　最後に手あそびが，教育要領や保育指針等に示されるように，子どもが自発的に遊ぶことができるような環境を構成する役割をもつために気を付ける点を以下にまとめてみた。

　　①　子どもたちのアイディアを取り入れつつ，楽しんでコミュニケーションを取る。

　　②　保育者が先回りして言葉を掛けすぎず，子どもたちが考えて答えられるような間を意識する。

　　③　子どもたちの発想は，なるべく否定せずに，面白がって受けとめ，共有する。

　子どもたちが楽しんで興味を持てるように，保育者が楽しんで歌うことも大切だが，「もっと楽しませなきゃ」と気負ったりせずに，①～③を意識して，子どもたちと一緒につくっていく手あそびをぜひ実践してほしい。

3　手話で歌う

　本節では，耳が聞こえない人たちの大切な言葉である「手話」について考えていきたい。「手話」[1]は，「主に聾者によって用いられる，手の形・動き・位置などによって意味を伝える言語。非手指動作と呼ばれる顔の表情やあごの動きなどが文法的機能を持つ」と記されている。

　2006（平成18）年の国連総会において，「障害者の権利に関する条約」が採択

1）　新村　出編『広辞苑（第7版）』岩波書店，2018，p.1411.

され，「言語」とは，音声言語及び手話その他の形態の非音声言語をいうことが定義された。日本では，2011（平成23）年に改正された「障害者基本法」に「言語（手話を含む。）」（第3条第3号）と記され，初めて法的にも確立された。

　現在，日本で手話と呼ばれているものには，大きく分けると「日本手話」，「日本語対応手話」の2つの形式があり，文法等が異なる。手話は，手の動きを中心として一つの単語を表現し，それをつなぎ合わせていくが，手話で表せない固有名詞（人名・地名・国名等）や新しい言葉には補助的に「指文字」も使われる。「指文字」は，五十音，数字，アルファベットのそれぞれ一文字ずつを手の形や動きにあてはめて表現される。

　手話は，それぞれの国や地域によって異なり，その歴史や文化も様々である。例えば，「ありがとう」を表現するにも，それぞれの国によって言語が異なるように，手話の表現も異なる。そのため，国際会議や国際大会等では「国際手話」と呼ばれる手話が使われている。

　近年，手話を使ったテレビ番組が放送されたり，就学前施設（幼稚園・保育所・認定こども園をいう）や学校教育，福祉施設等では，歌に手話を付けて「手話コーラス」，「手話ソング」，「合唱手話」，「表現遊び」等と表現される場や日常生活の中でも手話に接する機会や学びの場が広がっている。手話は，このように認知され社会にも広がるようになったが，その歴史を振り返ってみると，聴覚障害者が偏見や差別を受けたり，手話を否定されたりという厳しい現実があったことは，あまり知られていないのではないだろうか。手話は，耳が聞こえない人たちの大切な言葉であり，文化である。保育者を目指す者として，その歴史[*3]の一端にも触れながら，子どもと手話で歌う活動を考えてみよう。

（1）手話の歴史

　日本の手話の歴史を振り返ってみると，1878（明治11）年に，日本最初の盲聾学校である京都盲唖院が古河太四郎（1845～1907）によって創設され，教材・教具等を考案し，聾教育に尽力した。また，1929（昭和4）年に大阪市立聾唖学校の教員だった大曽根助（1896～1972）が，アメリカ視察の際に，聴覚と視覚の重複障害を乗り越えて教育や福祉に尽くしたヘレン　ケラー（1880～1968）[*4]と出会い，アルファベットの指文字を知り，帰国後に同校の校長であった高橋潔（1890－1958）[*5]らと研究と開発を重ね，1931（昭和6）年に「大曽根式指文字」を発表した。これは，現在，日本で一般的に使用されている指文字である。

　しかし，大正から昭和の初めには「口話法」[*6]が主流となり，手話を排除しようとする歴史もあった。そのような状況のなかで，前出の高橋は，手話の必要性を訴え続け，一人一人の子どもたちの実態に応じた聾教育を実践した。本

*3　アメリカやヨーロッパの手話の歴史に関しては，ハーランレイン，斎藤　渡訳，前田浩監修・解説『手話の歴史　上・下』，築地書館，2018．に詳しい。

*4　ヘレン　ケラーに関しては，アン　サリバン，槇　恭子訳『ヘレン・ケラーはどう教育されたか―サリバン先生の記録』，明治図書出版，1995．ヘレン　ケラー『奇跡の人　ヘレン・ケラー自伝』，2004，新潮社等を参照されたい。

*5　高橋潔の聾教育に関しては，高橋の娘であった川渕依子の著書を一読されたい。川渕依子『高橋潔と大阪市立聾唖学校―手話を守り抜いた教育者たち―』サンライズ出版，2010．
　また山本おさむ『わが指のオーケストラ』（1，2，3），2000，秋田書店．には，当時の聾教育の歴史と，高橋潔の聾教育の実践が漫画であるが詳細に描かれている。

*6　口話法は「耳の不自由な人が，発語や相手の唇・表情などを読み取る訓練を経て，一般人同様に音声言語を介して意思を通じさせようとする会話法」のこと。松村明編『大辞林』三省堂，1989，p.844.

節では詳細は省くが，このように手話は，歴史の中で生き続け，現在では，「言語」として認識され，コミュニケーションの手段となっているのである。

（2）手話で「ともだち」

前述したように手話は，各国の文化や習慣をもとにつくられているため表現が異なる。ここでは，「ともだち」を各国の手話や国際手話で表現してみよう。

図2−3　各国の手話や国際手話で表現した「ともだち」

（3）手話で歌ってみよう

森本は，「『手話のうた』は，歌詞に機械的に手話を当てはめていくのでは，本当のすばらしさを表現できません。歌詞の持つ意味を考えながら，ときには歌詞と異なる手話や違った語順で表現することで，その歌の内容を伝えていかなければなりません。そこには，『想像』と『創造』が必要でした」[2]と述べている。つまり，手話で歌うことは，日常会話としての手話ではないため，歌詞の内容をよく理解してイメージを広げ，相手に伝わる手話を付けて表現していかなければならないのである。

伊藤は，保育の現場において手話を活用した「子どもの歌」を子どもたちと

2）森本行雄『想像力トレーニング　手話のうた』音楽之友社，1997，p.20.

一緒に取り組むことにより「保育者と子どもとのコミュニケーションが深まり，子どもたちの表現力が豊かになって想像する心や，温かい心が育てられる」[3]とし，「効用を得るために手話表現に取り組むのではなく，歌を心から歌い，歌の素晴らしさを全身で表現するうちに，結果としていろいろな効果ができるもの」[4]と述べている。これらをふまえ，聴覚に障害がある人の「言語」である手話を理解し，歌のリズムや流れを体で感じ取り，豊かな表情で表現することが大切である。そして子どもと手話で歌う時には，今までに歌った歌，親しみのある歌，繰り返しがあってやさしい歌等から，子どもの実態に応じて，一つの言葉を手話で表現することから取り組んでみてはどうだろうか。

3)　伊藤嘉子編著『手話によるメッセージソング―手あそび感覚で楽しめる―』音楽之友社，1995，p.2.

4)　伊藤嘉子編著『手話によるメッセージソングベスト25』音楽之友社，2008，p.3.

ワーク2－3　手話をつかって歌ってみよう

　「ぞうさん」（まどみちお作詞，團伊玖磨作曲）を手話で歌ってみよう。まず歌詞から「ぞう」，「鼻」，「長い」，「そうよ」（「同じ」の意味），「かあさん」，「好き」を表す手話を調べ，次に手の動きだけではなく，しぐさや顔の表情等，歌詞の内容を考えながら手話で表現していこう。

　手話で歌うことを通して，子どもたちから他の「動物」や「おとうさん」「おねえさん」等，家族を表す手話も教えてほしいと求められることもあるだろう。もっと手話の歌を知りたい人は，以下の参考文献にあたり取り組んでみよう。

> 青葉京子『CDと楽譜でわかるみんなの手話ソング』ナツメ社，2009．
> 伊藤嘉子編著『手話でうたおう子どもの歌　幼児・低学年の四季の歌，行事の歌』音楽之友社，2002．
> 伊藤嘉子『発表会や誕生日会にもすぐ生かせる　はじめてのやさしい手話の歌あそび』ひかりのくに，2001．
> 江副悟史監修，こどもくらぶ編・著『あそんでおぼえる手話』（全5巻）岩崎書店，2019．
> 谷 千春監修『はじめての子ども手話』主婦の友社，2018．
> 田中ひろし監修，こどもくらぶ編『大人と子どものあそびの教科書　自分でつくろう手話ソング』今人社，2002．
> 丸山浩路・山口万里子監修・著『手話であそぼ！みんなで楽しく手話ソング』学習研究社，2005．

● **演習課題**

課題1：知っている手あそびを書き出してみよう。

課題2：グループで「ふわふわパンケーキ」をタイトルにしたオリジナル手あそびをつくってみよう。

課題3：ワーク2－3以外にも，様々な歌を手話で歌ってみよう。

コラム　「遊ぶ」ことの大切さ

　皆さんは，子どもの頃にどのようなことをして遊ぶのが好きだったでしょう？　僕自身は，虫捕りが大好きで，道を歩くときも，常に「虫はいないかなぁ」と探して歩いている子どもでした。カブトムシ・クワガタ・カマキリ・バッタ・カタツムリ・ザリガニ・カエル等々，その他にもたくさんの虫の飼育もしました。「カタツムリってにんじんを食べると，本当ににんじん色のうんちをするんだ‼」等，虫の飼い方や生態を知ることができたのはもちろんですが，今思えば，たくさんの虫の死に出会う中で，命についても学んできたように思います。

　好きなことを見つけて，とことんその興味に向かって夢中になるということは，子どもにとって「遊び」であり，その中でたくさんの学びがあるということも，身をもって体験してきました。そうやって好きなことに没頭することができたのは，保護者や保育者等，身の回りの大人がそれを優しく見守ってくれる環境があったからだと思います。

　僕の興味は「虫」だったわけですが，「のりもの」「おりがみ」「いし」「えだ」「もじ」等々，年齢や個々によって興味や関心は様々なのが当たり前です。その一人一人の興味や関心をどれだけ満たせる環境になっているのか，つまり好きな遊びを見つけて没頭できる環境をつくれるかどうかは，保育者の大切な仕事です。そうやって遊びこむ経験をすることは，小学校以降の学びに向かう力につながることは，いろいろな研究の中で明らかになっています*。

　例えば「今日は楽器を使って遊びます」と保育者が言い，鈴を使った活動をみんなで行ったとします。それが終わったときに「せんせい，もう遊んでもいい？」と子どもから聞かれたというような話はよく耳にします。これは，大人が楽器遊びと言っているだけで，「もう遊んでもいい？」と聞いた子どもにとっては，遊びではなかったということなのでしょう。つまり，その日に遊ぶことを大人が決めてしまうのでなく，子どもたちが自分で選んで決められるということが大切なのです。

　お酒を飲むのが大人にとって遊びだとしたら，「職場の上司に言われて飲みに行く」場合と「気心知れた同僚と飲みに行く」場合では，前者は遊びと思わず，後者のほうが遊んでいると感じるのではないでしょうか。

　幼児期にひたすら「ブロック遊び」を経験した子どもが将来「建築家」になってしまうことも大げさな話ではありません。

　しかし，これは大人があれこれ考えていることであって，子どもにとっては「ただやりたいからやっているだけ」というのが遊びなのかもしれませんが。

写真2−1　どろんこ遊び

　＊　ベネッセ教育研究所「園での経験と幼児の成長に関する調査」2016.

第3章 体で奏でる

本章では，体そのものが楽器となる音楽表現と，体の動きによって音楽を表現することについて理解する。子どもの表現したい意欲を引き出し，体全体で音楽を楽しむことができるような教材研究を深めるとともに，子どもの表現には，必ずしも規則的な拍や調性があるわけではないことについて理解を深める。

1 体だって楽器

（1）音を鳴らすということ

乳幼児にとっては，自分が関わることで音が鳴るものはすべて楽器である。お座りができるようになった赤ちゃんが両手で床をバンバン叩いたり，目の前で大人が小さな積み木を一つずつ両手に持ってカチカチと打ち鳴らすと，自分も真似して積み木を振って鳴らそうとしたりする。このような子どもの行動は，自分の体を動かすことで音が鳴るということに気付き，その行為を楽しんでいることの表れで，色々な音の探索行動を始めることにつながっていく。

ものやおもちゃ，あるいはすでに完成されている楽器がなくても，私たちは手を叩く，肩やひざ，腿等を叩く，足踏みをする，指を鳴らす等，体を使って音を出すことで，その音のつながり，組み合わせを音楽として楽しむことができる。声を使えば，さらに表現は広がる。例えば「ウ〜」とか「ぶんぶん」と言いながら唇を指ではじけば，ブルブルした音やブルンブルンといった音が聞こえる。プッという破裂音や口の中に指を入れて頬の内側をはじいたり，舌を鳴らしたりといったこともできる。こういった活動は，子どもがまだできなくても大人がやって見せたり，できるところを一緒にやったり，子どもの音に大人が応答的に返したりすることを繰り返すことで楽しむことができる。

「体だって楽器」の体験は，幼児の場合，まず歌に合わせて始めてみよう。「幸せなら手をたたこう」等は最もシンプルに歌詞の通りに「体だって楽器」であることを楽しめる。また「おちゃらか」や「お寺の和尚さん」のようなあそび歌で行われる，自分と相手の手を交互に叩いて音を出すことも，楽器遊びに発展する「体（手）だって楽器」によるリズム遊びである。

（２）「体だって楽器」によるリズム遊びが育むもの

「体だって楽器」によるリズム遊びは音楽的に考えて何を育むのだろうか。保育者（幼稚園教諭・保育士・保育教諭をいう）はこうした遊びを子どもたちとする時，何に留意すべきだろうか。それは「拍を感じること」である。拍とは等間隔で打たれるもので，拍をまたいで音が伸びたり，拍の中が分割されたりしてリズムが生まれる。リズム感の育成には，まず等拍の感覚を身に付けることが大切である。数的なまとまりで拍をとらえるのが拍子である。拍子のない音楽はあるが，拍を感じることで私たちはリズムを刻み，人と音を合わせることができる。それゆえ保育者は，子どもにリズムを言葉で語り掛ける時も，お手合わせをする時も，応答的にリズムを叩き合う時等も，自身が等拍の感覚を保って活動を行っていることを常に気に掛けることが望ましい。

■ワーク3－1　歌に合わせて，ことばのリズムを叩く

「トントンパッ（お休み）」といった4拍のリズムを，「トントンパッ」と唱えながら自分の「膝，膝，両手（お休み）」と叩いてみよう。あるいは二人組になって「自分の膝をトントンと叩いたあと，相手と両掌を合わせてパッ」と叩いてみよう。「トントンパッ（お休み）」のリズム打ちがそろってきたら4拍子の歌，例えば『世界中の子どもたちが』を歌う。歌によって4拍子が感じられ，歌に溶け込んだ「トントンパッ（お休み）」のリズムを楽しむ。さらに「トントンパッ（お休み）」に重ねて，行ってみたい国や町の名前をリズム打ちしよう。まず国名を拍に合わせて言葉で唱えてから言葉のリズムを叩く。「トントンパッ」に重ねて「カ・ナ・ダ」と叩いてもいいし，「トントンパッ」に続いて4拍目から唱え，次の1拍めのトンと重ねてもよい。

拍	1	2	3	4	1	2	3	4	1	〜
①	トン	トン	パッ	♪	トン	トン	パッ	♪	トン	〜
②	♪	♪	♪	カナ	ダ	♪	♪	カナ	ダ	〜

この時どのように国名のリズムを配置するか，また体のどの部位を叩くことでリズム打ちをするかは，活動する人（子ども）たちの様子を見て無理なく楽しめるように考える。最初は両手で叩き，それから他の部位を叩くところを混ぜる，あるいは両手で叩くだけにするが，叩く位置を「胸の前で2回叩く」次に「頭の上で叩く」等のように変える。

ワーク3－2　色々なリズムを組み合わせて叩く

次に示されるリズムを叩いてみよう。●は叩く。○は休む。

	1	2	3	4	1	2	3	4	1
①	● ○	● ○	● ○	● ○	● ○	● ○	● ○	● ○	●
②	● ●	● ○	● ○	● ○	● ○	● ○	● ○	● ○	●
③	● ○	● ●	● ○	○ ○	○ ○	● ●	● ○	○ ○	●
④	● ○	○ ○	●●●●	● ○	● ○	○ ○	●●●●	●●●●	●

　まずは①から④までのリズムを手拍子で叩いてみよう。1，2，3，4，をワンフレーズとして何回も繰り返した後，一斉に叩いて終わろう。①から④までグループをつくってそれぞれのリズムを重ねてみよう。色々な部位を叩いたり，足踏みを入れたり，それらを混ぜたり，叩く位置を変えたり，色々と試しながら，体の動きも付けることで，よりリズムに乗りやすい叩き方，表現の仕方を考えよう。④に見られるような細かく連打するリズムは，手で交互に叩いたり足踏みしたりすると，全体の速度が速くなっても行いやすい。また，体の下から上に向って叩いたりしてクレッシェンドになる感じを味わったりすることもできる。手足だけでなく，頬や唇で音を鳴らす等も取り入れてみると面白い。

　体を叩いたり足踏みしたりすることで生まれる音に，リズムを付けて組み合わせることで，手軽に音楽をつくって楽しむことができる。ワーク3－2で示したような活動も，リズムの組み合わせ，叩き方，一人で叩くのか二人で叩くのか，グループで叩くのか等，様々に展開する可能性をもっている。皆で円になって，拍手を回したり，リズムに合わせて順番に隣の人の肩を叩いたりという，演奏形態の工夫を凝らすこともできる。歌と組み合わせたり，一部既成の楽器の音を入れたりといった音の組み合わせも考えられる。誰とどのようなことをして楽しもうかという発想で，体という楽器を使ったリズム遊びを考えたい。

　子どもたちとのリズム遊びを考える時は次のことに留意しよう。

① 　発達にあったリズム遊びとする。

② 　簡単なことから始める。まずはみんなで一緒に。次に保育者だけがリズムを変える等。

③ 　保育者は常に拍を意識し，子どもたちが拍を感じていることに留意する。

④ 　子どもにリズムを示す時は見てわかりやすい形や言葉の組み合わせで示す。

2　身体表現をともなう音楽遊び

教育要領等の領域「表現」の内容（8）には「自分のイメージを動きや言葉

1）文部科学省『幼稚園教育要領』（第2章表現），2017.

厚生労働省『保育所保育指針』（第2章 3（2）オ），2017.

内閣府等『幼保連携型認定こども園教育・保育要領』（第2章 第3），2017.

などで表現したり，演じて遊んだりするなどの楽しさを味わう」[1]と記されている。子どもは時に鼻歌を歌いながら絵を描き，友だちとの待ち合わせにスキップをしながら向かう。リズミカルに唱えた言葉が響き合うと体の動きが誘発される等，音楽と体の動きには深い結び付きがある。本節では，身体表現をともなう音楽遊びの展開について，事例をもとに考えてみよう。

（1）子ども同士の音楽と体の動きによるコミュニケーション

事例3-1　「あくしゅでこんにちは」　3年保育　4歳児　5月

進級間もない爽やかな風が吹く5月。20人ほどの子どもたちが歌詞を口ずさみながら，二人組になって握手をしたり会話の真似をしたり，相手の目を見つめて踊っている。即座に近くの子どもの手を取るA児，戸惑いながら，はにかんで手をつなぐB児。「次は，まだやっていない人を見つけるよ」「今度は，遊んだことのない人を探そう」と，子どもたちの動きや呼吸に合わせて，保育者の高く小気味いい声が聞こえてくる。

事例3-1では，子どもたちが新しいクラスで，新しい友だちに囲まれて音楽に浸り，二人組になるパートナーを瞬時に探して目と目で会話を交わす様子が読み取れる。この「あくしゅでこんにちは」（まどみちお作詞，渡辺茂作曲）には，身振りをともないながらリズムを感じる楽しさが溢れている。子ども同士が対面し相互に身体的同調[*1]を繰り返すことによって，今まさにこの瞬間，目の前の子どもと共にあることを共有し，体を通して響き合う。身体表現をともなう音楽遊びは，多くの子どもの心を開き，仲間との関わりを深めることにも役立つものである。

＊1　身体的同調とは，コミュニケーションをする際，身体間に起こる「同期・同調・リズムを刻む」という現象を指す。

菅原和孝・野村雅一編『叢書 身体と文化 コミュニケーションとしての身体』大修館書店，1996，pp.17-18.

写真3-1　一緒だね

（2）子どもと大人の音楽と体の動きによるコミュニケーション

事例3-2　「キンダーポルカ」　5歳児　7月

保育者を目指す養成課程の大学1年生が，初めて附属保育園を訪れた。ふれあい体験である。学生は子どもと二人組で手をつなぐと，自分よりも小さなかわいい手を優しく包み，腰をかがめて円形をつくるようにピアノが拍を刻む音に乗って歩いていく。ほどよい間隔を取ると学生

は子どもと向かい合いフォークダンス「キンダーポルカ」を踊り出す。「あーるいて，あーる
いて，あーるいて，ピョンピョンピョン！　もーどって，もーどって，もーどって，ピョンピ
ョンピョン！…」と一通り踊ると，学生は隣の子どもへとパートナーを交替する。「ありがと
う」と言いながら一緒に踊った子どもに手を振る学生，言葉はなくても交替の合図を目で送る
学生，ハイタッチをしてボディアクションたっぷりの学生，繰り返し続く音楽と共に，子ども
とふれあう喜びが増幅していく。

事例3−2では，事例3−1と同様に対面相互行
為を繰り返しながら次から次へと新たなパートナー
に出会っていく。感覚的に拍をとらえ左右へ移動し
たりジャンプしたりする中で，音楽のまとまりも意
識していくだろう。音楽や体の動きを用いて様々な
他者と共に楽しく活動することで気分の高揚を感じ，
周囲の人とよりよく関わる心地よさを体感するので
ある。このような経験は，歌や体の動きをともなう
日本のわらべうた遊びとも共通点があるといえる。

写真3−2　フォークダンスで心躍る

図3−1　キンダーポルカ楽譜

（3）時間・空間・エネルギーを感じて

事例3－3　スキップで遊ぼう　3年保育　5歳児　10月

　子ども4人がC保育者と一緒に遊戯室で裸足になり，好きな方向にスキップをしている。同じクラスの30人ほどの子どもたちが揃ってきたら，D保育者がピアノでスキップのリズムを弾き始める。ピアノの音はE児の動きの速さに合わせたり，F児の動きの速さに合わせたりしている。D保育者が「二人組でバッテンつなぎをしよう」と言うと，即座に子どもたちは相手を見つけ，体の前で手を交差してつなぎ，スキップをする。D保育者は「スキップ，スキップ，スキップ，スキップ，ジャンプ，ジャンプ，ポーズ！」*2と自らが弾くピアノのリズムに合わせて，言葉でも子どもの動きを誘導する。広い遊戯室をいっぱいに使って，子どもたちの躍動する方向が定まっていく。D保育者が「1番と2番を決めるよ。1番が先にスキップ，ジャンプ，好きなポーズ。2番はよく見て，1番と同じ動きを後から追いかけるよ」と伝える。G児はピアノの音と一緒に両手を高く上げて全身が伸びあがっている。G児の真似をするH児が，同じように両手を上げてポーズをとる。H児が「次は，反対にする！」と言うと，D保育者は呼応して「次は2番から出るよ」「今度は反対のポーズ」と合図を出す。その後もリズムに乗りながら真似のポーズ，反対のポーズ，二人で一つの形をつくる等，様々な展開を見せて子どもたちの柔軟な体による表現が続いていく。

*2　図3－2の譜例1を参照。

　事例3－3では，スキップ，ジャンプ，ポーズといった動きが子どもたちの心と体に躍動をもたらしている。リズミカルなピアノの音が時を刻み，支え，子どもたちは空間の広さや相手との間合い，そこに至るエネルギーを感じながら，自由自在に体を駆使して跳ねまわるのである。音楽と動きによる音楽教育の指導法「リトミック」を創案したダルクローズは，「身体そのものが，音と私たちの思惟の間の媒介者的役割を演じ，私たちの感情をじかに表現する楽器となるような音楽教育を夢に描いている」[2]と述べている。まさに，時間と空間の中で音楽的・身体的感覚を鋭敏にしているのだろう。

2）エミール ジャック＝ダルクローズ，板野平監修，山本昌男訳『リトミック論文集 リズムと音楽と教育』全音楽譜出版社，2003，p.5.

写真3－3　二人でポーズをとる子どもたち

図3－2　譜例1

ワーク3－3　身体表現をともなう音楽遊びをつくってみよう

表3－1で示す遊び方の一例を参考にして，自分たちで身体表現をともなう音楽遊びをつくってみよう。歌詞に身振りを付けた創作ダンスだけではなく，「遊び」になるよう工夫をしよう。

表3－1　身体表現をともなう音楽遊びの一例

タイトル	作詞・作曲	遊び方の一例
どんぐりころころ	青木存義・梁田貞	歌詞に沿って，身振りを付けて動いてみる。「ころころ…」を何度も繰り返し，どんぐりになって転がる。
まつぼっくり	広田孝夫・小林つや江	歌いながら「～さ」が出たら，両手を頭，肩，おなか等に付ける。二人組で手合わせをしながら歌い「～さ」が出てきたら，両手を相手の頭，肩，おなか等に付ける。
たこのうた	文部省唱歌	凧が風に舞う様子を歌いながら身体表現をする。保育者が凧になりきっている子ども一人一人に糸を結び付ける真似をして，伸ばしたり巻き付けたり左右に揺らしたりする等，全身で表して遊ぶ。
らかんさん	わらべうた	リーダーとなる保育者や子どもが「よいやさのよいやさ」で好きなポーズをする。みんなでポーズの真似をする。円になり，歌いながら順番に隣の人へポーズのリレーをしていく。
サギティ サギティ サッポッポ	フィリピンの遊び歌	わらべうた「らかんさん」とほぼ同様に，「サギティ サギティ サッポッポ」と唱えながら順番にポーズのリレーをしていく。

3　子どもの表現と現代音楽

（1）現代音楽と「普通の」音楽

　現代音楽という言葉は聞きなじみのない方もいるだろう。現代音楽とは，1900年代の初頭頃から，それまでのクラシック音楽の常識・ルールから脱却を

＊3　アルノルド シェーンベルグ等によって確立された「12音技法」では，1オクターブ内の12音すべてを均等に使う等，法則を用いた新たな作曲技法が用いられた。このような技法によってつくられた音楽は，それまでの調性音楽とは全く違う無調的な響きがすることが特徴となっている。

＊4　ジョン ケージ作曲「易の音楽」(1951)では，音の組み合わせやテンポ等について，1回1回コインを投げて決める手法が用いられた。また，ジョン ケージ作曲「4分33秒」は，演奏者が4分33秒の演奏時間中，一切の音を鳴らさないという作品である。

＊5　図形楽譜等の様々な記譜法については，第6章のコラム(p.64)に紹介されている。

図るべくして台頭した新しい音楽のジャンルである。現代音楽の作曲家は，それまでの西洋クラシック音楽では考えられなかった音の並び＊3や独自の作曲技法等の様々な実験的な試みによって，既存の西洋音楽の枠組みにとらわれない新たな創作を行った。これらの中には，例えば「コインを投げて次の音を決める音楽」，「演奏者が一切音を鳴らさない音楽」＊4のように，「偶然性」や「不確定性」といった概念を取り入れたコンセプト重視の音楽もみられ，当時の聴衆においては驚きとともに，このような聞きなじみのない音楽に対しての賛否両論が巻き起こった。また，既存の西洋音楽には収まらない音を記すために，クラシック音楽で用いられる五線譜ではなく，作曲家が独自に開発した「図形楽譜」等も現代音楽では広く用いられている＊5。

図3－3　図形楽譜の例

出典）エルハルト カルコシュカ，入野義朗訳『現代音楽の記譜』全音楽譜出版，p.130（B46 図面Ⅲ），1978.

　このような現代音楽は，音楽のジャンルとしては幅広く，その聴こえ方も様々である。しかしながら，その多くは，私たちが日常的に耳にするJ-popや子どもの歌等の「普通の」音楽の聴こえ方と大きく異なり，その響きに違和感や聴き辛さのようなものを感じる人も少なくないだろう。なぜ，普段耳にする音楽に比べて違和感を感じるのか，ここでは現代音楽にみられる，音楽的な特徴を2点取りあげて説明する。

1）無調音楽

　現代音楽の中には，調性のない無調でつくられているものが多くある。調性とは，いわゆる「ハ長調」や「ト長調」といったもので，西洋音楽の音楽的仕

組みの一つである。例えば，ピアノの鍵盤を「ドレミファソラシド」と1音ず
つ順番に弾いた時に聴こえる響きがいわゆる「調性音楽」であり，対して手を
グーの形にして適当に押さえていった時に聴こえる音が「無調音楽」的な響き
であると考えるとわかりやすいだろう。

2）拍　子

　私たちが普段耳にする音楽の多くは，4拍子，3拍子，2拍子といった，規
則的な拍子でできている。現代音楽の中には，11拍子等の複雑な拍子や，一曲
の中で拍子が変わる楽曲も多くみられる。また，拍自体が存在せず，自由な緩
急で演奏される楽曲も存在する。

（2）子どもの自由な表現にみられる現代音楽の要素

　では，このような現代音楽のいくつかの音楽的特徴[6]から，子どもの姿をと
らえてみよう。子どもが遊びの中で，ピアノや打楽器等を自由に鳴らす際，そ
こに規則正しい拍や調性感を伴うメロディーは存在しなくとも，好き勝手に演
奏を続ける姿が見られる。また，水たまりに不規則なリズムで落ちる雨粒の音
をじっと聴く子どもは，自然音が奏でる自由な緩急の音楽に耳を澄ましている
のかもしれない。テレビやインターネットから流れる商業音楽で溢れている日
常からすると，これらの子どもの演奏や聴取の姿は別物であり，「音楽」では
ないととらえてしまう大人や保育者もいるだろう。しかしながら，領域「表
現」において育てていくべきとされている，「子どもの様々な表現」において
は，環境音や自然音を含め，音に対する感受性を柔軟に幅広くとらえる必要性
がある。これを踏まえ，上述のような子どもの姿は音楽の表出の形であり，音
楽表現の自然なあり方の一つであるといえるだろう。

（3）現代音楽と身体表現

　体を使った表現活動においても，ポピュラー音楽や子どもの歌を用いたダン
スが今日的に多くみられる。小学校以降の学習指導要領[7]においてもダンスが
カリキュラムとして位置付けられている。保育現場においても，名実ともに
「ダンス」が身体表現の主流となっている。このようなダンスにおいては，子
どもたちは3拍子や4拍子等の拍に合わせて決められた振付を習得し，踊る活
動がほとんどである。これに対し，次の事例では上述したいくつかの特徴をも
つ現代音楽に合わせ，子どもが既存の枠組みや固定概念にとらわれない自由な
表現を目指すことのできる活動を紹介する。

*6　現代音楽の定義は幅広く，音楽の構造や特徴だけをもってして一概に現代音楽ということはできない。また，ここであげられた無調等の音楽的特徴に当てはまらないものも多く存在する。

*7　平成20年版の小学校学習指導要領より「ダンス」が必修化された。ダンスに関しては「表現運動」において取り扱われており，その中では「ロックやサンバ等」のリズムに合わせて踊る内容が記されている。

（4）図形楽譜を使った身体表現の活動例（年長クラス）

事例3－4　図形楽譜を使った身体表現　年長クラス

　子どもたちは普段より楽器に親しむとともに，絵本に効果音を付ける等の活動も行っており，視覚的なイメージを音で表すことに慣れ親しんでいる。

活動の流れ

1日目：みんなで大きな空を描こう。

　保育者は「今日はみんなで模造紙に大きな空の絵を描いてみよう」と子どもたちに説明する。子どもたちは思い思いに好きな形の雲や雨，雷の絵等を描く。

2日目：天気の音を表現しよう。

　空の絵を子どもたちと見ながら，「昨日描いた空の中には，いろいろな絵があるね。この雲は雨がぽたぽた落ちているけど，どんな感じかな」と，用意した楽器[8]をいくつか鳴らしながら一緒に音を想像してみる。

　子どもたちは「あの細長い雲はこんな音かな」，「雷はだんだん大きくなっていく」と，話しながら，自分たちの描いた絵に楽器で音を付けていく。

　いろいろな音のイメージが出来上がってきたら，保育者は絵を順番に指や棒で指し，それに合わせて子どもたちが楽器を鳴らす活動を行う。

3日目：天気の音に合わせて体を動かそう。

　空の絵に合わせて音を出すことに慣れ親しんだ段階で，「演奏チーム」と「ダンスチーム」に分かれる。「ダンスチーム」は，演奏チームの出す色々な音に合わせて，自由に体を動かす。指揮者役も子どもが行い，保育者は子どもたちと一緒に音に合わせて様々な身体表現を行う。

　演奏チームとダンスチームを交代しながら活動を続ける。

---

[8]　用意する楽器
例：すず，タンブリン，カスタネット，大太鼓，ギロ，スライドホイッスル，シェイカー，ボンゴ等。

　事例3－4は，現代音楽の中の「偶然性の音楽」の要素を生かした保育・教育実践である。視覚的なモチーフは，天気に限らず，動物や遊園地等，子どもの興味・関心に沿いながら考えていくことが大切である。このような音楽を用いた身体表現の利点として，① 子どもが音を聴きながら即興的に動きを付ける際，拍や調性のない音を手掛かりとすることにより，ポピュラーダンスのような振付ではなく，より自由な動きを表現することができる，② 演奏される音楽は毎回違うため，子どもは流れている音をよく聴くことが求められ，音に対しての感受が敏感なものとなる等があげられる。いずれにせよ，保育者は子どもの表現に対して，既存の枠組みにとらわれたり，正誤で考えたりすること

なく，幅広く柔軟な表現のあり方を目指すことが重要である。既存の音楽のル
ールにとらわれず，新しい表現のあり方を目指している現代音楽を子どもとの
実践で用いる意義はまずこの点にあるのではないだろうか。

● 演習課題

課題１：ワーク３－２を参考に，ボディサウンドを組み合わせて，音楽をつくってみよう。

課題２：事例３－１・３－２のように子ども同士，あるいは子どもと大人がふれあいながら遊べる
音楽遊びを考えてみよう。

課題３：図３－３の図形楽譜をグループに分かれて演奏してみよう。

コラム　　インプロビゼーション

すべての人間にとって，最初の音楽的行為はインプロビゼーション＝即興である。人間は，幼少期から，音の出るものに関心をもち，鳴らしてみようとしたり，自ら即席で歌をつくり，歌ったりしている。そうした表現はいずれも，あらかじめ存在する音楽構造に基づかない，即興による音楽表現である。だが，子どもは，アニメソングや子どもの歌に親しむ中で，それらの音楽がもつ調性感や様式感に馴染むとともに，音楽とは「既に存在する音楽を演奏することだ」と学習する。そうするうちに，かつて自分が即興していた記憶は，忘れられてしまう。

私たちにとって，即興演奏が何か特別なものでないことは，世界の音楽に目を向けても明らかである。イスラーム世界の音楽，インド音楽，アフリカの様々な部族の音楽等では，即興は音楽を成り立たせる基盤となる。我が国の音楽，例えば津軽三味線にも，即興は欠かせない要素である。クラシック音楽でいえば，有名なバッハやモーツァルトといった作曲家たちも即興の名手だった。ジャズ，ロックの即興演奏は，演奏者の技量が発揮される聴きどころである。昨今渋谷の駅前等でもみられるようになったラップのサイファー（複数人でラップの掛け合いをすること）もまた，即興による音楽表現である。古今東西，人間は即興で"音楽してきた"のである。

即興演奏は，即興する人の間で共有するルールの中で，演奏全体を聴きながら，自分のバリア（緊張や遠慮等）を飛び越えて，自分がしたい表現をすることが求められる。相手の表現を受け止め，何かを返す。普通に返しても，冗談を言っても，全く違う内容を返してもいい。何より相手を信頼することが大切である。即興演奏は，そうした意味でおしゃべりに似ている。

即興の本質は，自分が表したいことを表現し，他者や環境と対話することにあり，保育現場での即興は，とても素朴で小さな，時として見過ごされるような営みとなる。子どもは，大人になってしまった私たちより自由な発想でものや環境と関わり，即興している。既存の音楽のルールやメソッドに絡め取られる以前の子どもの即興的な音楽表現は，とても豊かで創造的だ。おそらく即興を失った私たち大人よりもずっと。

参考文献

デレク ベイリー『インプロヴィゼーション−即興演奏の彼方へ−』工作舎，1981.

スティーヴン ナハマノヴィッチ『フリープレイ　人生と芸術におけるインプロヴィゼーション』フィルムアート社，2014.

第4章 声で奏でる

本章では，まず子どもにとって身近な保育者（幼稚園教諭・保育士・保育教諭をいう）の「声」に着目する。保育者自身が自分の声を知り，声の多様性に気付き，自分の声と向き合う。保育者が自分の声を自覚することによって，子どもの声の発達を考える契機となる。ここではその一助として，言葉との関連から「声」を理解する。

1 声の多様性

（1）表現手段としての声

声は最も原初的な表現手段の一つといえるであろう。生まれたばかりの赤ちゃんの時から，私たちは喜びや不快，要求を声によって発信する。笑い声と泣き声はその代表といえる。周りの大人は赤ちゃんが笑えばうれしくなって応答し，赤ちゃんが泣けば，その原因を泣き声から色々と憶測し，話し掛けたり体をゆすったりして泣き声の意味を推測し，やりとりをする。1か月を過ぎる頃には「クーイング」（p.5参照）が始まる。「喃語」の前段階とされるクーイングは「あ～」とか「う～」という母音を発するもので，言葉のもととなる。言葉の発達のためには表情や視線，身振り等，ノンバーバルなコミュニケーションが大切だといわれるが，クーイングに対しても，周囲の人間の応答が大切となる。クーイングをしている赤ちゃんは，ただただその音声を出すことを楽しんでいるように見える。周囲にいる大人がその音声をオウム返しに真似したり，「そうなの。あ～なの。楽しいのね」等と言葉で返したりすることで，赤ちゃんは声のやりとりが何かを伝え合うことにつながることをわかっていく。「ぶ」のように両唇を合わせて震わせることができるようになると「ばばばば」のような音声が出てくる。7か月くらいになると「まんまんま」のような喃語が出

てくるようになり，1歳頃には「まんま」と言ってご飯のことだったりママのことだったりしながらも，それに対する周囲からの対応から，言葉として何かを指すような「初語（しょご）」が出るようになる。

　言葉として意味や概念が生じる前の音声のやりとり，その声に秘められた表現に耳を傾け，応答を楽しんでほしい。

（2）マザリーズという声

　赤ちゃんに対して母親が，赤ちゃんの声に合わせるような口調で，やさしくゆっくり語り掛ける，その話し方をマザリーズと呼ぶ。クーイングや喃語に対して母親が応答する声もマザリーズの特徴をもつ。マザリーズの特徴とは①大人と会話するときとは異なる高いトーンの声，② ゆっくりとした話し方，③ 歌うような抑揚をもつこと，等である。声による豊かな表現を導くために，保育者はマザリーズを意識して声のやりとりを行ってほしい。子どもに働き掛け，マザリーズで語り掛け，子どもがなにがしかの声を発して返してくれた時，子どもの声を真似たり，子どもの応答をほめたりして子どもに応えてほしい。お互いの声のやりとりに生じる間を子どもが感じ，間を取りながらお互いに交互に声を出すことが，会話の成立をうながすことになることに気付いてほしい（マザリーズに関しては第1章コラム，p.11を参照）。

（3）保育者としての声を意識しよう

　声にはその人ならではの特徴の他に，感情があらわになることがある。例えば，言葉としては肯定的なことを言っていても，語気やトーンで本当はそう思っていないのではないかと感じてしまうような場合である。それは「パラ言語」[*1]と呼ばれるもので，「言い方が冷たい」とか「怒っているように聞こえる」といった，声から推し量られる感情である。保育者は子どもが発する言葉だけをうのみにするのではなく，その声がもつ感情にも敏感でありたい。一方で，自分が発する声にも注意をとめたい。感情は自分が置かれた立場や伝える内容，状況に応じても変わる。自分の声を客観的に聞くゆとりをもって保育に臨みたい。

（4）声の多様性を意識するワーク

　次にあげるようなワークをたくさん行って，自分の声の多様性に気付いてほしい。怒った声やうれしい声，悲しい声等，声には色々な声がある。怒った声の中にも哀れみが感じられる場合や軽蔑が感じられる場合等，単純に分類できるものでもない。自分が出している声，話す時の声に耳を傾け興味をもってみ

*1　パラ言語
　話し手が聞き手に与える言語情報のうち，イントネーション，リズム，ポーズ，声質といった言語の周辺的側面をいう。

よう。そして，声をコントロールできるようになろう。自分にとって魅力的な
声や保育者としてふさわしいと思える声を探してみよう。

ワーク4−1　声の表現力を鍛えよう

ワーク1：詩を朗読してみよう。詩に描かれる感情に肯定的になって朗読してみよう。次に否
　　定的になって朗読してみよう。

ワーク2：二人組になってお互いにクーイングや喃語で話してみよう。

ワーク3：二人組になってお互いに「いないないばあ」や「にらめっこしましょう。アップッ
　　プ」をやってみよう。言い方や声の高さ，テンポ，抑揚を色々と変えて試してみよう。

ワーク4：友だちの背中に耳をあてて，友だちが話す声，歌う声をお互いに聞き合おう。おん
　　ぶされている赤ちゃんが聞いている声かもしれない。

ワーク5：「バ」だけで会話をしてみよう。悲しみや喜び，怒りを「バ」だけで伝えてみよう。

ワーク6：「マ・ポ・モ・ピ」等でハミングしてみよう。

ワーク7：唱えのわらべうたを唱えてみよう。色々な声で唱えてみよう。声の大きさ，唱える
　　時の速さを変えたり，しぐさを付けたりして唱えてみよう。

〈唱えのわらべうたの例〉

タマゲタ

出典）コダーイ芸術研究所『いっしょにあそぼうわらべうた　0・1・2歳児編』明治図書出版，1997，p.83.

ゆっくり唱えながら保育者について3〜4人つながり歩きをする（2歳児の遊びとして）。言
葉の面白さに合わせて面白いしぐさを付けて面白く唱える。

コーブロ

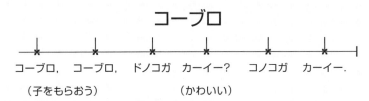

出典）コダーイ芸術研究所『いっしょにあそぼうわらべうた　0・1・2歳児編』明治図書出版，1997，p.39.

コーブロとは子をもらおうということ。並んでいる子どもたちの頭を次々になでながら唱え，
最後に「かわいい」と言われた子をもらう。頭をなでるかわりに耳たぶをやさしくつまみなが
ら唱えてもよい。

2　声を合わせる

　子どもたちは「声を合わせる」ことをいつから始めるのだろうか。声を合わせることは，誰かと「一緒に歌う」ことだけを指すのではなく，声を通した保護者や保育者との対話から始まるのではないだろうか。本節では，声を合わせる子どもたちの体と心を理解するために，声の発達段階をみていく。

　6か月頃を過ぎると「喃語」と理解される発声が出てくるようになる。そしてその喃語が増え，話しているかのようになる。更に歌っているように聴こえることもある。これについては第1章のコラム（p.11）で述べている「マザリーズ」を参照してほしい。声を合わせると言えば，一緒に歌う，合唱のようなイメージがあるが，子どもにとっての初めての「声を合わせる」行為はマザリーズではないだろうか。

　1歳頃になると，保護者や保育者の歌に合わせて，一緒に歌うようになる。しかしながら，言葉の獲得に向けて発達過程にある乳幼児がすべて歌うというよりも，印象の強いフレーズを模倣する（真似する）という特徴がある。大人と合わせる声は子どもたちにどのように聴こえ，どのような心情にさせているのだろうか。

　部分的に歌っていようとも，また，歌詞が違っていようとも，子どもにとっては声を合わせて歌うという行為自体を楽しんでいると思われる。そして，その声を楽しめるということは自分の声や他者の声に耳を傾けてよく聴いていると推測できる。2歳頃になると短い歌であれば通して歌えるようになるが，子どもにとって歌う，声を合わせることが楽しいので，歌詞を教え込もうとすると子どもの歌いたい，声を出したいという気持ちを損ねてしまうだろう。

　3歳児になると，言葉の獲得が顕著にみられる頃なので，それと同時に歌える歌も増えてくる。この頃の子どもたちは歌の音程を正しく歌えないことが多いが保育者の歌声が子どもたちの声を支えるので保育者は歌い方に気を付けるとよいだろう。この時期の子どもについて，水崎は「合わせようとするよりも，自分の出しやすい声の高さで歌っていると言ってよい」[1]と述べている。そこで保育者はその楽しさ，心地よさを大切にし，正確な音程や発声を求めず，子どもと共に楽しく声を合わせるのが望ましい。4歳児になると，友だち同士の声を合わせることが更に楽しさを増す時期である。また音程も正しく歌えるようになる。音の高低の違いから次第に旋律へと確立していく。長い歌も楽しめるようになり，子どもたちの自信にもなってくる。3歳頃の幼児からは体を動かしながら（振りを付けて）歌うことも楽しい。また歌詞からイメージ

1)　井口太編著『最新・幼児の音楽教育』朝日出版社，2018，p.28.

を膨らますことができるようになる。子どもたち同士でどんな風に声を合わせ
たいか話し合うこともよいだろう。心に描いたイメージを話し合い，表現する
ことは，子どものコミュニケーションにとても大切である。

事例4－1　子どもの遊びの中で自然に生まれる

　　自由遊びをしている場面で，A児が「さんぽ」の歌を鼻歌で歌い始めた。すると，近くにい
　るB児，C児もそれに合わせて歌い始める。周りにいる子どもたちも歌い始めて一列の列車が
　できて行進が始まった。

　「さんぽ」（中川季枝子作詞，久石譲作曲）は，子どもたちにとって，とても親
しみやすい歌であり，園でも年中歌われている大人気の曲である。曲名の通
り，「さんぽ」しながら歌うのが子どもたちにとって自然なのである。
　子どもたちが声を合わせるのは歌うという集団活動だけを指すのではない。
子どもたち同士で自然に始まることもある。子どもたちが声を出す瞬間はいろ
いろな遊びの場面で見かけることがあるように，声を合わせることは子どもた
ちの遊びの一つといえるだろう。そして歌は声と声を合わせるコミュニケーシ
ョンなのである。

事例4－2　2歳の子どもによる「つくりうた」①

　　2歳2か月の女の子が絵を描きながら「どんぐりころころ」を歌っている。1番の歌詞最後
　の「ぼっちゃん一緒に遊びましょう」の箇所で「こっちゃん一緒に遊びましょう」と歌ってい
　る。こっちゃんとは女の子の愛称である。

　「ぼっちゃん」と響きが似ているからなのか，自分のことを歌っていると思
っているのか，いろいろなとらえ方ができるだろう。乳幼児期の頃は歌の響き
を断片的に覚えて歌詞を再現していく。この事例の子どもは，「ぼっちゃん」
の響きを，自分のことを歌っていると思っているのか，その響きをとても楽し
んでいるように見える。このように2〜4歳頃には子どもたちが自ら歌をつく
る「つくりうた」の場面をみることができる。それは自由遊びの中で自然にそ
の時の感情を表すものであったり，見たもののイメージを声にして楽しむので
ある。

事例4－3　2歳の子どもによる「つくりうた」②

　　2歳11か月の女の子がディズニープリンセスのオーロラ姫をイメージした冠を持って，「オ
　ーラ姫，オーラ姫ってこのかんむりをしてた」等と冠を触りながら歌っている。最後は「この
　冠は〇〇ちゃんが被る」で終わっている。

「オーロラ姫」が「オーラ姫」となっているが，この冠が大変気に入っていて，歌いながらオーロラ姫になりきっている。歌いながら何かになりきると歌詞がすらすらと出てきていると推測できる。また，この歌は何度も歌詞を少しずつ替えてつながっているようである。このように子どもがつくる「つくりうた」は一度決まった歌詞を歌うのではなく，少しずつ替えたり，物語のようにつながっていくという特徴がみられることがわかる。子どもがつくった歌を保育者は見守り，記録しておくことによって，声を合わせる表現活動を更に豊かにするだろう。

ここからは声を使ったワーク（声遊び）を紹介したい。

子どもと保育者，子ども同士で声を合わせることはとても心地よく，楽しい活動である。道具がなくともいつでも遊べるものである。

＊4　オノマトペ
擬声語，擬音語，擬態語等を指す。子どもの歌や手遊び歌にはオノマトペの言葉が多く用いられている。

■ ワーク4－2　声を楽しむためのワーク①

様々なイラストが描かれたカードを見て，それに合う声を出してみる。

カードから感じたままに好きに声を出してみる。オノマトペ＊4にしてもよいし，「あー」「いー」と声を出すだけでも楽しい。

イラストだけでなく，いろいろな線（まっすぐの線，短い線，くねくね道の線，渦巻き状の線，ギザギザの線等）が描かれたカードを見て声を出す。

今度は各々カードに好きなイラストを描いてみる。好きに描いた線を見ながら，皆で声を出す。ここで大事なのは音程にこだわるのでなく，自由に想いのままに声を出すことである。

■ ワーク4－3　声を楽しむためのワーク②

5歳頃になると，音程を理解し声を出せるようになる。そこで，ここでは，C（ド）の音を出すグループ，G（ソ）の音を出すグループの2グループに分かれて声を出す遊びを紹介する。Cの音とGの音が重ねられるようになったら，E（ミ）の音を出すグループを加えてみる。この3つを重ねるとハ長調のⅠ（主和音）である。これはまさにハーモニーであり，声を合わせる遊びのひとつといえよう。

まず，保育者がCの音を声にして出す（「こんにちは」と歌詞を付ける場合は最後の音「はー」の音を楽しむ等，単音「あー」でもよいが，言葉の最後の音は子どもたちにとって取り組みやすい）。「真似っこしてね」と問い掛け，子どもたちは音を真似しようとする。同じ音が出ているか，皆で確認する。

できるようになったら，保育者は「違う音を出すからね」と伝え，Gの音を声に出し，子どもたちのCの音と同時に出し，ハーモニーをつくる。

CとGの2つの音を重ねるのが慣れてきたら，Eの音を加えても楽しい。

これらは同じ音（声）を出すことを楽しむ，一方で異なる音（声）の響きを楽しむ遊びといえるだろう。

今川は声から考える歌について「人生の始まりの『声』そのものに立ち戻って考えるならば，『歌う』ことは人が育つこと，生きることそのものに深く結び付いていると考えられる」[2]と述べている。また，声を出すことについて「声を出すことは，人が人としてつながって生きる大切な行為なのであり，教室，保育室は，互いに声を認め合い聴き合い響き合う場でなければならない」[2]と述べている。

　声を合わせることは心地よいだけでなく，これからを生きる子どもたちにとってとても大切なことといえるだろう。保育者は声を合わせることを保育者自身楽しみ，子どもたちが自らの声に他者の声に耳を傾け楽しめるような活動を考え，さらに子どもたち自身で楽しめるような環境を整えることが求められる。

2)　今川恭子監修，志民一成他編集『音楽を学ぶということ』教育芸術社，2016，p.17.

3　言葉と音楽

（1）乳幼児期の言葉と音楽の関連性

　子どもの声の発達と言葉の獲得は非常に関連が深い。子どもたちが保育者らの歌声に合わせて歌うようになると，歌に出てくる歌詞を少しずつ歌い，言葉を獲得していくのである。子どもにとっては，歌っているというよりもむしろ遊んでいるうちに言葉を覚えていく。

　では言葉がまだ未発達の時期である乳児にとってはどうだろうか。乳児期の子どもは，泣き声，喃語，そして，オノマトペ等によって表現する。この時期の子どもにとってオノマトペのリズムがある言葉（歌詞）は非常に記憶に残りやすいといわれている。オノマトペの部分のみ模倣する場面も多い。歌に限らず，オノマトペのリズムを使った声遊びや歌遊びを考えておくとよいだろう。

　言葉と音楽も非常に関連が深いといえる。作曲家であり音楽教育家であったカール　オルフ（Carl Orff 1895-1982）について，井口は次のように述べている。「オルフは彼の音楽教育を『言葉から始めなければならない』といっているが，言葉のリズムや抑揚を音楽的なリズムやメロディーに置き換える作業は，幼児にとって極めて興味深い活動であることから，幼稚園等でも容易に指導に取り入れることが可能であり，この活動を通して幼児は様々なリズムを遊びながら楽しく身に付けていくことができる」[3]。つまり，オルフの音楽教育に限らず，子どもの音楽においては，言葉と音楽を，ここでは言葉と声（音楽）を合わせた活動にはリズムが大きく関係しているといえるのではないだろうか。子どもは遊びながらあっという間に難しいリズムでも声を出して言葉にして簡単に歌うことができ，それが子どもの音楽教育の特徴の一つであろう。

3)　日本オルフ音楽教育研究会『オルフ・シュールヴェルクの研究と実践』朝日出版社，2015，pp.70-71.

例えば，子どもが好きな言葉に簡単なリズムを付けて，唱え歌にしたり，メロディーを付けて「つくりうた」をつくっても楽しい。そのためには日々の子どもの遊びに注目したり，その際に口ずさんだ歌を記録しておくとよいだろう。子どもの音楽は遊びの中にあるということである。子どもがリズムを体得し，その言葉のリズムからメロディーが生まれ，さらにハーモニーへと広がるとよいだろう。

言葉と音楽の代表的な遊びが「わらべうた」であろう。植田はわらべうたの特徴の一つとして「言葉と音と動きの一体化」[4]をあげている。わらべうたにはリズムが単純で音程も取りやすく，言葉のリズムと音（声）とそれにともなう動きのコミュニケーションが一体となることがわらべうたの魅力であろう。

子どもにとって，歌は生活の一部である。また生活の中にあるものや子どもたちに伝えたい願い等が，歌詞としてその音楽に込められる。唱歌や童謡，わらべうた等，昔から存在し，歌い継がれる歌や現代につくられた子どもの歌もジャンル問わず，歌に込められた思いを言葉に託して，子どもたちに伝えていくことが保育者の役割ではないだろうか。保育者の歌を伝えようという思いは語り掛けるように歌うことで，子どもたちの心に響くのではないかと考える。年齢が小さいとしても語り掛ける言葉（歌声）に込められた思いや伝えたい気持ちがあるならば，子どものもっと歌いたい，声を出すことが楽しいという気持ちを育むのではないだろうか。

（2）言葉とイメージ

保育者が子どもたちに歌を聴かせる際には，歌に込められた思いも同時に届けるとよいだろう。そのためには，言葉を大切にした弾き語りがベストである。言葉を大切にするためには，ブレス（息継ぎ）は基本であり，そのようなお手本となるような歌い方について保育者は意識するとよいだろう。保育者，養育者の歌声を聴いて，子どもは歌と出会い，覚えて歌うようになるので，言葉を大切にした歌い方は非常に大事である。どんなジャンルの歌でもどこでブレスをすればよいか，言葉を大切にして考える必要があるだろう。言葉を大切にした歌い方は，後の歌い方をアレンジしたり，歌を表現するアイディアに結び付く。

歌は心情を表す表現方法の一つである。子どもたちが歌詞にある言葉を理解し，それをイメージできるようになることは子どもの表現の支えとなる。ここで言葉と音楽を語る上で重要な，子どもが言葉（歌詞）に抱く「イメージ」について考えてみる。

0〜1歳の乳児の頃から，様々なものとの出会いにより，イメージを蓄積していくといわれている[5]。子どもはイメージの蓄積が増えることでそのイメー

4）日本音楽教育実践学会編『音楽教育実践学事典』音楽之友社，2017，p.254.

5）横井志保・奥美佐子『新・保育実践を支える　表現』福村出版，2018，pp.129-135.

ジを言葉にしたり，表現したい気持ちを抱くようになる。乳児の頃から多くの
ものとの出会いや経験がイメージする力を豊かにするので，そのような環境を
整えることが大切である。

　3歳児頃になるとそのイメージについての想いを保育者や子どもたち同士で
共有したいと思うようになる。奥は「イメージの共有は部分的で，まだひとり
一人の世界で遊んでいる子どもが多く，共同的な遊びにはなっていない」[6]と
述べている。そこで，うまく言葉で伝えられない子どもの気持ちを保育者は汲
み取り，クラスで伝え合うことが少しずつできるようになるとよい。歌詞にあ
る言葉のイメージを話し合うようになることで，より声を合わせること，歌を
歌うことを楽しむようになるだろう。

6）　前掲書5），p.133.

　5歳児の表現の姿について，大島は「年長児になると言語活動も活発にな
り，自分の想いを友達や保育者に言葉で伝えたり，友達の想いに気付いたりす
ることができるようになる。また，言葉で伝え合うことで，イメージの共有が
できるようになる」[7]と述べている。このことを声（歌）の活動で考えてみると，
歌の歌詞（言葉）について，イメージを膨らませ，言葉で伝え合うことで，思
い描くイメージの共有ができる。またそれだけではなく，このイメージの共有
は，共に歌うという意識につながるだろう。声を合わせて，友だちの声を感
じ，共に歌うという経験は，子どもの成長に非常に重要な意味をもつと考える。

7）　前掲書5），p.56.

　このように，言葉と音楽（ここでは声や歌）は非常に結び付きが強いというこ
とを保育者は意識することで，声や歌の活動のアイディアも広がる。また，一
番に大切なことは，保育者自身，声を出すこと，言葉（歌詞）で伝え合うこと
を楽しんでほしい。声や歌声に一番大切なのは，表情であるといわれている。

　豊かな表情で，自由に歌うこと，歌うこと自体楽しむことこそが，子どもの
成長には欠かせない。就学前施設（幼稚園・保育所・認定こども園をいう）では
日常に歌が歌われているが，ただ歌うだけという場面や保育者自身ピアノを弾
くこと自体で精一杯になり，歌うことを楽しめない場面も多く見られる。しか
しながら，保育者自身が表情豊かに楽しそうに歌うことが，子どもの歌を楽し
む気持ちを高め，子どもの表情も豊かになり，それは歌声にも表れるだろう。

　保育者はそのために様々な「声掛け」を考える必要があるし，子どもの声
（歌声）によく耳を傾け，共に歌うことが大切である。子どもにも，自身の声や
友だちの声をよく聴き，楽しむように伝えてほしい。つまり，声，歌声を「聴
く」ということは，声を合わせる楽しさを更に高めることにつながるだろう。

●演習課題

課題１：グループに分かれて喜怒哀楽を声で表現し，録音して聴いてみよう。

課題２：落ち葉の仕分け作業をしている子どもたちが「あとひとつ」「もう少し」「まだあるよ」と
歌い始めた。あなたには，どのようなメロディが聴こえるだろうか。

課題３：世界にみられる様々な歌唱表現を調べ，映像資料等を視聴してみよう。

コラム　　様々な歌唱法

　皆さんは，「様々な歌唱法」と聞いてどのような歌声を思い出すだろうか。西洋音楽では，
ベルカント唱法と呼ばれるイタリアで成立した歌唱技法がある。ベルカントは，イタリア語で
「美しい歌」を表している。柔らかい響き，節回しの滑らかさが特徴となっている[*1]。世界に
は様々な文化があり，その文化の数だけ声による歌唱表現も異なる。モンゴルのホーミー等で
は，倍音唱法という技法が用いられている。これは，複数の音を一人で同時に出す唱法で，喉
歌とも呼ばれている。低い声を口腔に共鳴させながらそれをふくむ倍音を強調し，高い音で旋
律を奏でる[*2]。また，スイスやオーストリアのアルプス地帯では，地声と裏声（ファルセット）
を急速に交代させて歌うヨーデルがある。ミュージカル『サウンド・オブ・ミュージック』の
「ひとりぼっちの羊飼い」にも，ヨーデルのようなフレーズがみられる。ブルガリアには，古
くからある女声コーラスで，力強い響きと独特のハーモニーや歌い回しが特徴的なブルガリア
ン・ボイスがある。日本音楽にも独特な声の音色がみられるが，小泉は「西洋の場合とくらべ
て，日本音楽では発声法が雅楽，声明，能，義太夫…等の種目によって大きくちがっていて，
邦楽のすべてに共通する基本的発声というものがないという特徴がある」[*3]と述べており，日
本音楽ひとつをとっても，様々な唱法があることがわかる。

　ポピュラー音楽では，「低唱する」「小声でささやく」という意味のcroonする人のことをク
ルーナー[*4]と呼び，こうした歌い方をクルーナー唱法と呼んでいる。ビング　クロスビー等に
代表されるが，これはラジオ放送の普及とも大きく関連していたといえる。

　このように世界には様々な歌唱表現があることをぜひ心に留めておいてほしい。そして，子
どもにとって身近な保育者は，自分の「声」を知り，そして自分の「声」を一つの枠にはめる
ことなく，様々な「声」を駆使することができるようになってほしい。

引用文献

＊１　カワイ音楽研究部『すぐに役立つ音楽用語ハンドブック』カワイ出版，1999，p.31.

＊２　柘植元一・塚田健一編『はじめての世界音楽』音楽之友社，1999，p.196.

＊３　小泉文夫『日本の音』平凡社，1994，p.282.

＊４　淺香 淳編『標準音楽事典』音楽之友社，1966，p.341.

第5章 身近な素材で奏でる

本章では，身の回りのものすべてが音素材となりうることに着目し，様々な素材の音を探索し教材研究を深める。子どもたち自身が素材から音を想像したり，創造したりすることができるような環境構成を工夫したり，探索した音をどのように音楽へと発展させることができるか，実践的に理解を深める。

1 素材との出会い
―身の回りのものすべてが音素材―

（1）保育における素材との出会いの意味

赤ちゃんにとって，この世に生まれてきてから出会うものすべてが初めての出会いである。乳幼児期の間，子どもたちは様々な探索行動を通して自分と自分が出会ったモノやコトとどう関わりあえるのか探索して，折り合いをつけていく。周りの人間がやることを真似たり，どうするものなのか教わったりして，段々とモノの扱い方や付き合い方を学んでいく。しかし，乳幼児の発達において大切なのは，子どもが出会う様々なモノ・コトに対する十分な探索行動を担保することである。出会ったものが何で，どのようになっているのか，自分はどのように関わることができ，関わるとどうなるのかということを十分に考えたり，感じたりすることが大切なのである。

表現の素材となる，身近に存在する様々なモノとの出会いも同じである。ここではまず表現の素材となりうるモノをあげてみて，その素材で音を表現するとしたらどのような活動が考えられるだろうか。この時大切なことは，大人になった我々が身に付けてしまった常識を払拭して素材に出会い，考え，実際に色々と試してみることである。保育者（幼稚園教諭・保育士・保育教諭をいう）は，子どもの素材との出会いを準備し，出会った後の行動を見守り，時に援助

するために，まず自分が素材に新たに出会ってみよう。

ワーク5－1　身近な素材の音表現を探る

① 表現の素材となるモノを考えられる限りあげてみよう。

② ①であがった素材の中から一つの素材を選び，選んだ素材だけで音を表現するにはどうしたらよいか，色々と探索してみよう。常識にとらわれず，この素材に初めて出会ったとしたらどのようなことをするか，考えてみよう。

③ もし別の素材も使うことができたら，あるいは「こんな発展がある」と思えることがあったら，組み合わせて音を出してみよう。

④ 自分の発見した音を仲間に披露し共有しよう。

⑤ グループになって音を持ち寄り，音を重ねたり間を置いたりしながら音作品として構成してみよう。

⑥ 構成され鳴らされた音の流れを録音して聴き，どのように感じたのか言葉でまとめてみよう。

⑦ 素材に出会うとはどのようなことなのか，自身の経験をもとに考え，子どもと素材との出会い，音との出会いについて話し合ってみよう。

これら①〜⑦のワークに正解はないので，保育者を目指す学生たちがこれらのワークを行った際にどのような気付きと学びがあったか，以下に一例を紹介する。

まず，①で示された「表現の素材となるモノ」としては表5－1のモノがあげられた。

表5－1　表現の素材となるモノ

素材の種類	表現の素材となるモノ
土素材	石，砂，粘土
自然素材	葉っぱ，木の実，水
紙素材	新聞紙，段ボール，半紙，お花紙，ラシャ紙，千代紙，コピー用紙，画用紙，紙コップ
ひも素材	リボン，糸，麻ひも，毛糸，ミシン糸，スズランテープ
手芸素材	布，綿，フェルト，ボタン，革，ビーズ
その他	ペットボトル，セロハン，ストロー，缶，針金，釘，空気の入った緩衝材，ガラス球，ビー玉，おはじき

②で学生たちは，これらの素材の中からたった一つを選んで音の表現を探索した。素材を一つしか使えないことがこの活動としては重要で，それだけだと音は出ないと思われる素材を徹底的に試してみることや紙類のように簡単に音を出せる素材でも，たくさんの音に出会う方法を可能な限り考えることが要求される。ここでは学生たちに苦心がみられた例を2点ほどあげる。

例1　**綿**：こすっても音として聞こえないと思ったが，マイクで拾ってみたところシャリシャリと綿の音を聞くことができた。

例2　**粘土**：7ミリ位の厚さの円形にしたものの中心を少し窪ませ，膨らみのある方が上になるよう片手にのせ，もう片方の手に投げ込むようにするとパーンといい音がした。

　一つの素材で様々に試した後，素材を組み合わせることで広がる可能性を探る③へ進む。水と缶とストローでブクブクする。音高（おんこう）の違う缶笛をつくる。紙コップとひもで糸電話のようにし，紙コップをつなぐ間のひもをしごいたりはじいたりすると，紙コップが拡声器になって音が大きく響くことに気付く。そこでひもの種類によって音が違うかどうかを調べてみようと活動が発展した。

　④で自分たちの発見した音を披露した後，互いの音を持ち寄り，音作品として構成するために意見交換し，試行を繰り返した（⑤）。いつ，どの音を，どれだけの時間鳴らすのか，一つの音なのか重ねるのか，どうやって始め，どう終わるのかが取り決めの中心的な事柄だった。音の入りを認識しやすいように段ボールの箱を等間隔で叩いてカウントをとることを拠り所としたグループもあった。一つ一つの音が紹介されるように次々と鳴らされ，再び鳴らされた時は一つ一つの音を重ねていって段々大きな音にする等変化をつけ，最後は一斉に鳴らして，あるいは一つ一つ音を消していって，あるいは衝撃音を何回か鳴らして等の終わり方が見られた。

（2）ワークからみえてくること

　⑥と⑦は振り返りである。話し合いを経て学生たちが書いたレポートからは考えてもみない素材から音を引き出した驚きや喜びが伝わってくる。「手づくり楽器になる以前の音の楽しみ方があると思った。一つ一つは小さな音でも，それをじっと聴くのも大切だし，集まると聴きごたえがあるのも面白い」といった気付きや「表現に正解はないと思った。表現は自由なものだとわかった」といった領域「表現」が目指す「表現のとらえ方」に触れるような学びがみられた。

　音楽表現という観点から，音との出会いという視点でワークを組み立てたが，ペットボトルに色の付いたストローを切って入れて転がした学生は，シャラシャラというかわいらしい音だけでなく，ペットボトルの中で転がるストローの色がとてもきれいだと感動し，子どもが喜ぶ姿を思い描いた文章を書いた。子どもと素材の出会いは色も形も音も一緒になって起こる。匂いも味も触り心地も付いてくる。素材と音について考える時も，楽器あるいは音の出るものをつくろうという発想ではなく，「これが何だか知らなかったら，自分はど

んな風に関わるのかな」という発想をもって身近にあるものを眺めることから始めてほしい。

2 自然素材で音楽

　日本は，四季折々の自然が美しく，我々の身の回りには，その自然からの豊かな恵みがあふれている。就学前施設（幼稚園・保育所・認定こども園をいう）では，木の実や落ち葉等の自然素材を用いた造形活動や，それらがままごとやお店屋さんごっこ等に発展していく活動が多く見られる。では，自然素材による音楽的な表現は，どのように生まれてくるのだろうか。幼稚園教育要領，保育所保育指針，幼保連携型認定こども園教育・保育要領（以下，教育要領等）の領域「表現」では，「感じたことや考えたことを自分なりに表現することを通して，豊かな感性や表現する力を養い，創造性を豊かにする」[1]ことを目的としており，内容には「（1）生活の中で様々な音，形，色，手触り，動きなどに気付いたり，感じたりするなどして楽しむ。（4）感じたこと，考えたことなどを音や動きなどで表現したり，自由にかいたり，つくったりなどする。（5）いろいろな素材に親しみ，工夫して遊ぶ」[1]と示されている。本節では，上記の教育要領等との関連をふまえて，自然素材を用いた音との関わりについて，事例をあげながら考えていきたい。

（1）自然素材と環境設定

　ある園では，貝[*1]，竹（真竹，篠竹，黒竹）[*2]，豆（小豆，大豆），ヒョウタン[*3]，木の実（ドングリ，クルミ，トチノミ），葦[*4]，鹿の角，猪の骨等の自然素材を，登園後の自由遊び時間に園のホールに用意し，年少，年中，年長児が自由に入退出できる環境を設定した。このような自然物を設定したのは，園では初めての取り組みである。

写真5－1　準備した音素材－1

写真5－2　準備した音素材－2

1）　文部科学省『幼稚園教育要領』（第2章表現）2017., 厚生労働省『保育所保育指針』〔第2章3（2）オ〕2017., 内閣府等『幼保連携型認定こども園教育・保育要領』（第2章3）2017.

＊1　二枚貝（ハマグリ，シジミ，アサリ，ヒオウギ貝）とアワビや小さな巻貝を準備。

＊2　竹（直径5～8cm）の一方の節から1cmのところを切ると竹筒ができる。竹筒はトガトンと呼ばれ，フィリピン・カリンガ族の竹楽器。スタンピングチューブともいわれる。トガトンは真竹でつくるとよい響きがする。

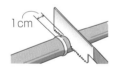

＊3　ヒョウタンには様々な種類があるが，アフリカでは「シュケレ」，ハワイでは「イプヘケ」等，ヒョウタンを楽器にして演奏している国もある。

＊4　ヨシともいう。イネ科の植物。「葦」の茎でつくった「すだれ」は葦簀（よしず）と呼ばれている。

（2）竹から音楽へ

事例5－1　竹と出会う　3年保育　年中児　7月

子どもたちは，「何，これ」，「どうやって使うの？」と
言いながら，太さや長さ，種類の異なる竹を手に取り，思
い思いに探り始めた。竹筒をのぞく，口に当てて吹く，竹
を高く積み上げてスカイツリーに，床に打ちつける，竹を
転がす，竹をつないで電車に，耳元に持ち会話をする，2
本の竹で叩く，ロシアのマトリョーシカのように竹を重ね
て振る，細い竹のバチで太い竹を太鼓にして叩く等，様々
な活動が始まった。

写真5－3　竹筒で保育者と
会話

事例5－2　みんなで合わせる　3年保育　年中児　7月

保育者が，太い2本の竹筒で♪トン・トンとゆっくり床*5を打ち始めると，A児は2本の竹
のバチを持って，運動会で披露する和太鼓のリズムを叩きながら参入してきた。保育者の横に
座っていたB児，C児は，保育者が持つ竹の側面を，細い
竹で叩きながらリズムを重ねた。すると見ていた他児も竹
を持ち床を打ち始めた。保育者が，打つ速度を速くしたり
遅くしたり変化させていくと，子どもも一緒に合わせてい
く。その後，保育者は，子どもの様子を見届けると他児の
所に移動するが，今度は子ども同士で新しいアンサンブル
が始まった。

写真5－4　子ども同士で竹
のアンサンブル

子どもは初めての素材と出会うと，その素材がどんなものであるか，手で触
わったりしながら興味・関心をもっていく。「面白い」「やってみよう」と好奇
心が芽生えると，その素材を工夫してイメージを膨らませていく。事例5－1
では，見立てる，叩く，振る，打ち付ける等の活動から生じる表現や音を楽し
んでいる様子が読み取れる。

事例5－2では，トントンと単純なリズムの反復であっても，竹は太さや長
さや種類によって音高や音質，そして叩く場所や奏法によっても音が異なる。
竹はシンプルで，すぐに音が出る。しかも難しい技術もいらない。そして，と
ても面白い表現につながっていく。ここでは保育者が速度を変化させたが，子
どもたちも，速度やリズムを共有しながら，音を楽しんでいるのである。保育
者は子どもの経験や状況を適切に判断しながら，援助している様子がわかる。

*5　竹筒は開口部を
上にして，節を下にし
て打ち付けるとよい音
がする。竹筒を打ち付
ける時は，床の材質
（木，タイル，コンクリ
ート等）によって，音
質が異なるので，保育
者が事前に試奏してお
くとよい。

（3）貝から音楽へ

事例５－３　貝は歌の伴奏楽器　３年保育　年長児　７月

写真５－５　様々な自然素材を試す

写真５－６　歌いながら貝で即興

　自然素材を設定した初日，子どもたちは，ギザギザしている貝の表面を合わせて擦る，大きな貝の中に小さな貝を入れて振る，２枚の貝を合わせ，その中に小さな貝を入れて振る，半分に割ったヒョウタンを器にして貝を入れて葦でかき混ぜる，貝を鹿の角や猪の骨で擦る，音が違う貝を探す等，色や形，大きさ等素材の特徴を感じ取り，試行錯誤しながら音を楽しんでいる。

　貝を触っていたＤ児が「♪かえるのうた」に伴奏を付けながら歌いだした。すると，向かい合わせに座っていたＥ児，Ｆ児も持っていた貝を擦ってリズムを刻んできた。その後，Ｄ児はヒオウギ貝を右手に持ち，左手には細い巻貝をバチにして，自分で「セーノ」と言うと，また「♪かえるのうた」を拍に乗りながら歌いだした。「かえるの」「うたが・」の部分では１拍目だけを，「きこえて」と「くるよ・」では，４拍のフレーズを貝を交互に使い分けて拍を刻んだ。Ｅ児，Ｆ児も，歌に合わせて１拍ずつ音を出して加わった。「ケロケロケロケロ」からは，Ｄ児だけが巻貝の先端を使って８分音符で刻み，「クヮクヮクヮ・」は，４分音符で３回叩いた。Ｄ児は歌い終えると，「できた！　できた！」，「楽器になっちゃった」とうれしそうに言った。そして，また「♪かえるのうた」を歌い始め，新たな即興表現が始まった。Ｄ児の表現は，近くで見ていた年少児にも広がっていった。

　事例５－３は，日常の保育の中でよく親しんでいる「♪かえるのうた」を歌いながら，貝を用いて即興的に伴奏をつくって表現している事例である。もしこの表現が楽譜にされていて，リズムや奏法を再表現するとしたら，子どもにとって，難しい技能となってしまう。しかし，制約のない自由な環境の中で，Ｄ児は，拍やフレーズを瞬時に感じ取りながら，自分で選んだ貝でリズムを考え，いろいろな部分を叩く等の奏法を工夫しながら表現しているのである。つまり思考力や表現力を存分に発揮しながら，即興的な音楽表現を生み出しているのである。そして，Ｄ児は１曲終わると，「できた」と満足感と達成感を言葉で表現し，そして「楽器になっちゃった」と自然素材である貝を楽器として認識し，新たな学びにつなげている。一緒にいたＥ児，Ｆ児は，Ｄ児の表現に同調し，部分的ではあるが表現を真似したり，リズムを共有していたのであ

る。D児は，大きな声で歌を歌いながら，すぐに即興的な表現
をしていたが，E児，F児は，まだ音を探求している様子であ
った。子どもによって興味や関心，そして表現しようとする意
欲や発達過程も異なる。そして，一人の表現が他児へ広がり，
発展していくこともある。保育者は，子どもに同じ表現を強要
したりするのではなく，一人一人の表現する姿を見取り，そし
て，その表現を受容し，認めながら援助していくことが大切で
ある。

写真5－7　貝で伴奏しなが
ら歌う年少児

（4）自然素材の可能性

　数例の事例ではあるが，子どもが様々な自然素材に触れ，形，色等に気付
き，工夫して音を出す，音を聴く，他者と聴き合う，即興する等，様々な表現
を楽しむ姿を紹介した。このように自然素材は，子どもの創造性を高める可能
性を秘めている素材だといえよう。そして，このような体験は，保育活動の中
で幅広い表現を生み出すきっかけとなり，さらに，小学校音楽科における「音
楽づくり」の活動へつながっていくと思われる。

　保育者は，どのような自然素材が子どもの活動を発展させるものであるか，
日頃から様々な自然素材に興味をもち，まずは集めてみよう。
しかし，集めて設定するだけではなく，保育者自身もその素材
と関わり，感性や創造性を高めていく体験を行ってほしい。そ
れが子どもの表現を受けとめ，発展させる言葉掛けや対応にも
広がっていくものである。なお，収集した自然物は，子どもが
口に付けたり，吹いたりしても大丈夫なように，きちんと洗
浄・消毒し，清潔な状態を保つとともに，子どもたちがけがを
しないように，素材一つ一つの安全面での点検も必要である。

写真5－8　ヒョウタンを葦
のバチで叩いて
音の違いを楽し
む年中児

　　＊　写真5－1～8は，認定こども園國學院大學栃木二杉幼稚
　　　園より提供頂いた。

3　手づくり楽器でアンサンブル

（1）「自分なり」の音を求めて

　保育現場では太鼓や木琴，鈴やタンブリン等，子どもでも比較的扱いやすい
打楽器が用いられることが多い。これらの伝統的な西洋音楽の楽器に親しむこ
ともももちろん大切であるが，子どもにとって高度な奏法をともなうこともあっ

たり，子どもが何らかの拍子で強く打ち鳴らして楽器を壊してしまったりと，何かと不自由な側面が多い。

　打楽器は一般的ないわゆる「よい音（楽音）」が出せるように開発されたものであるが，どの楽器も元々は木や金属等の身近な素材でつくられており，それらを「叩く」「擦る」「振る」等の様々な奏法により音を出している。つまり，様々な材質のモノを用いて奏法を工夫すれば，器楽表現の幅は無限大なのである。

ワーク5－2　シェイカーで音色を楽しむ

　手づくり楽器の代表格ともいうべき「シェイカー」は空のペットボトルにビーズ等を入れてつくることが一般的とされているが，ペットボトルの大きさを変える，またはペットボトルではなく鉄製の茶筒や木製の小物入れ等を素材としても面白い。また，中に入れるビーズも多種多様の形や色を用意しておき，キメの細かな砂や小石，さらには豆の状態の小豆等を使ったりすることで，さらに様々な音色を楽しむことができる。

　子どもに保育者が一方的に「よい音」を提供するのではなく，子ども自身があれこれと工夫を重ねて「自分なりのよい音」を探し出す過程で，様々な想像を巡らすことが望ましい。そのため，保育者は子どもにとって何が「よい器」となりうる可能性を秘めているモノなのかを考えながら，子どもたちが自発的に器楽表現の種を見つけられるような環境構成や援助を行いたい。大切なことは，保育者の計画通りに「つくらせる」ことではなく，つくる過程を楽しみながら，様々な素材や奏法によって奏でられる音の不思議さや美しさを他者と共感し合い，豊かな感性を育むことである。

写真5－9　素材を探す

写真5－10　シェイカーをつくる

事例5－4　どんな音がするんだろう？　5歳児　6月

　幼稚園で週に1回程度行われている音楽教室（当時の参加者は3〜5歳児まで12名程度）での一

幕である。子どもたちにとって自分の体ほどの大きさがあるゴミバケツの開口部に，丈夫なガムテープをまんべんなく張っていき，大きな手づくり太鼓ができ上がった。子どもたちはでき上がった太鼓を囲み各々で叩くことに夢中になった。しかし夢中になるあまり叩けない子が出てきた。そのため保育者は子どもに対して，順番で演奏しその音を聴き合うことを提案した。バチは一般的に用いられる大太鼓の大きなバチを順番に回していき，子どもたちは楽しそうに叩いていた。順番が進んでいく中で，5歳児のG児（男）は友だちが出す音を注意しながらよく聴いていたのか，G児に順番が回ってきたところで，勢いよく叩き出すのではなく「ここを叩くとどういう音がするんだろう」「どのくらいの強さで叩くとどういう音がするんだろう」等と考える素振りを見せながら演奏したのである。しまいにはバチをひっくり返して柄の部分で叩いたり，太鼓の縁や胴の部分を叩いたりしており，保育者がそれに気付き，ほめるとさらに自分の気に入った音を探求する遊びを進めている様子が見られた。

G児は叩くという行為ももちろんであるが，手づくりされた太鼓から奏でられる音に対して，より興味をもっている様子であった。また，保育者や他の幼児が普通にバチを持って演奏する奏法を模倣するのではなく，バチをひっくり返したり，縁を叩いたりする様子は，領域「表現」のねらいの（2）*6や，内容の（4）（p.48参照）にもあるように自分なりの表現を楽しむ姿である。手づくりした楽器を叩いて満足することに終始せず，奏法を工夫することによってそのモノを使ってどういうことを感じ，考えることができるのかということも併せて考えたい。こういった音を介してモノと関わる経験を重ねることで，身体的な感覚を養い，それが豊かな感性を育むための一助となるのである。

*6　「感じたことや考えたことを自分なりに表現して楽しむ」〔文部科学省『幼稚園教育要領』（第2章　表現），2017.，厚生労働省『保育所保育指針』〔第2章3（2）オ〕2017.，内閣府等『幼保連携型認定こども園教育・保育要領』（第2章3）2017.

写真5−11　どんな音？

写真5−12　太鼓で遊ぶ

（2）アンサンブル ―音を介した他者との対話―

事例5－5　音のコミュニケーション　5歳児　2月

　自由遊びの時間に，H児（男）とI児（男）が室内で追いかけっこをして遊んでいた。追いかけっこの末に，両者は保育室の大きいテーブルの両側で対峙する形となる。お互い笑顔のまま，にらみ合いを続けていたが，H児がI児を驚かそうとするように机を強く一発叩いた。I児もそれに応えんばかりに叩き返し，両者とも高ぶった気持ちを言葉ではなく，机を叩くという行為で表していく。そのうちに，それまで手のひらで強く叩いていたのが，手の甲の部分で滑稽な音を出そうとする等，保育者から止められるまで机を使った音での会話が繰り広げられていた。

写真5－13　音の研究

写真5－14　つくった音を楽しむ

＊7　「生活経験や発達に応じ，自ら様々な表現を楽しみ，表現する意欲を十分に発揮させることができるように，遊具や用具などを整えたり，様々な素材や表現の仕方に親しんだり，他の幼児の表現に触れられるよう配慮したりし，表現する過程を大切にして自己表現を楽しめるように工夫すること」〔文部科学省『幼稚園教育要領』（第2章 表現），2017.，

　音を出すことを他者と共有し，かつその音に何かしらの規則性や関連性が生まれれば，それがアンサンブルとなる。領域「表現」の内容の取扱いの（3）＊7で，他の園児と自己表現を共有し，様々な形での表現を楽しむことの重要性が示されているように，他の園児と音楽表現を共有する経験は重要である。そのためアンサンブルを行うにあたって大切にしたいことは，「楽譜や奏法に正確であること」ではなく，主体的に自己の器楽表現を工夫する中で他者とのイメージや表現を共有し，楽しむことである。そのため，よく保育現場で見られるような発表会等の場においては，保護者等の聞き手を意識した芸術的な一芸を披露するような場ではなく，発表会に到るまでに積み重ねた子どもたちの主体的な創意工夫や，器楽アンサンブルの楽しさを発表する場になるように心掛けたい。

　乳幼児期は音を知覚し，認知する能力が未発達であり，聴きたい音を聴き分けることが難しいため，大人が聴いて心地よいと感じるような大きな編成での

アンサンブルは，子どもたちにとって心地よいとは限らない。また，多くの種類の大きな音が氾濫するような音環境の中では，自分の奏でている音をじっくりと聴くことができないため，音の美しさや不思議さを味わうことが難しく「楽器を演奏している」という満足感も得られなくなってしまう。そのため大人数での器楽遊びやアンサンブルで大切にしたいことは，楽器の性質を把握したうえで種類や材質，数を考慮したり，自分の出す音や相手の楽器の音が美しい音として聴き取れたりするような音環境を確保することである。

　アンサンブルを行ううえでは，子どもが知っている曲に合わせて演奏するのが一般的であろう。ただしここで注意したいのは，曲に合わせることで「曲のリズムや拍節に合っていない」「楽譜通りでない」等，「正解・不正解」という概念に縛られやすいということである。大切なことは，そういった観点だけで援助を行うのではなく，自己と他者との音や表現の違いに気付かせたうえで，リズムや音が重なり合った時の充実感や満足感を他者と共有することである。そのためここで提案したいのは，曲に合わせるということだけでなく，保育者が提示する拍節に合わせて音を出すような簡単なリズム遊びを通してアンサンブルを行うこと，さらには保育者の動きに合わせて音を出す（例えば，一人が手を上げた状態で静止し，様々な速さ・強さ・タイミングで手を振り下ろし，そのアクションに合わせて楽器の音を奏でる等）等，曲をともなわなくとも十分に楽器の音そのものの美しさを味わうことができ，他者と音を介したコミュニケーションを楽しめるようなアンサンブルを行うことができるのである。

厚生労働省『保育所保育指針』〔第2章3（2）オ〕2017., 内閣府等『幼保連携型認定こども園教育・保育要領』（第2章3）2017.

● 演習課題

課題1：就学前施設で日常的に行われている音楽表現遊びにどのようなものがあるか調べてみよう。

課題2：それらの音楽表現遊びで子どもにどのような音楽的な力を身に付けさせたいか考えてみよう。

課題3：そのために保育者に求められる資質，力量について話し合おう。

コラム　　音楽表現遊びと非認知スキル

　歌唱やわらべうた遊び，手あそび歌等，多様な音楽表現活動が日常的に行われていることからも理解できるように，その教育的な効果は疑われることなく，世間に受け入れられ，広く認知されてきた。もちろん，その効果は研究において実証的な研究が多く積み重ねられてきた。例えば，歌唱を通して，より広い音域で歌うことや正しい音程で歌うことが可能になることが明らかにされ，その教育的効果は音楽的なスキルだけにとどまらず，"情操教育"と呼ばれるような感情や情緒的な態度を育むために有効であることが研究によって示されてきた[*1]。さらに，音楽表現の教育的効果として，語彙や音韻に関するスキル，第二言語習得への影響，視覚的・空間的推論や知能指数（IQ）等，多様な認知スキルの発達によい効果があることが示されている[*1]。つまり，音楽表現遊びが子どもの音楽的なスキルを高めるだけでなく，他の教科の学力に影響を与えることが先行研究によって示され，音楽表現の教育的効果は"学習の転移（前に勉強したことが，後の学力に影響を与えること）"を生み出すという認識も世間に定着しつつある。

**写真5−15　即興で音楽表現遊びを楽しむ
子どもたち**

　特に，近年は，幼児期において育みたい力として，「学びに向かう力」や「社会情動的スキル」等と呼ばれる非認知スキルに焦点が当てられ，"遊び"の重要性が指摘されている。幼児期の表現遊びにおいても，協調性や集中力，思いやり，社交性等の育ちを促すために有効であることを示した研究が数多く示されてきた。香曽我部においても，即興で音楽と動きの表現遊びを楽しむ子どもたちが，互いの表現を双方向的に模倣しながら表現を楽しむ様子を分析した。その結果，双方向的に表現を模倣し合うプロセスで感情を調整する経験をしている姿を明らかにし，音と動きの即興表現遊びが子どもの自制心（実行機能）の育ちを促している可能性を示唆し，実行機能の内，感情抑制と短期記憶に有効性があることを明らかにした[*2]。

＊1　Hallam, S., The Power of Music : It's Impact on the Intellectual, Social and Personal Development of Children and Young People, *International Journal of Music Education*, 28（3）, pp.269−289, 2010. Hallam, S., *The Power of Music : A Research Synthesis on the Impact of Actively Making Music on the Intellectual, Social and Personal Development of Children and Young People*, iMerc, 2015.

＊2　日本オルフ音楽教育研究会『オルフ・シュールヴェルクの研究と実践』朝日出版社，2015.

第**6**章 環境を奏でる

本章では，環境音に着目し，「聴くこと」と「奏でること」の往還を理解する。人間の耳の誕生以前に既に存在した環境音には，音楽を創作するための様々な素材を含んでいる。環境音を注意深く聴き取り，それをもとに奏でることを実践的に理解するとともに，情報通信技術（ICT）の活用についても理解を深める。

1 環境音を聴く

サウンドスケープ[*1]思想の提唱者シェーファーはその主著『世界の調律』の冒頭でウォルト ホイットマンの「ぼく自身の歌」を引用している。「ぼくはもう何もしないで聞くだけにしよう」[1)]と始まるこの詩でホイットマンが聴いているのは，「都会の音と都会の外の音，昼の音と夜の音」である。つまり彼が注目するのは「音楽」ではなく環境音なのだ。ここでホイットマンは「聴く」という行為をより大きな枠組みの中に導く。私たちの生活の中の様々な音が，子どもたちの音楽活動をどのように豊かにするのか，以下に述べていきたい。

（1）子どもと環境音について

例えば講義室等の屋内で，「ほんの少しのあいだ，すごく静かにすわってみよう」[2)]。これは『音さがしの本』の最初のエクササイズである。環境音はたとえ室内であっても決して静止していない。それはあなたの体も同様である。椅子が軋（きし）む音，座り直したときに服と椅子が擦（こす）れる音等，自分自身が音の発信源になることもある。エクササイズは「そして耳をすましてみよう。今度は紙に聞こえた音をぜんぶ書き出してみよう」[2)]と続く。周囲に耳を傾けるとさらに多様な音が包括的に聴こえてくる。その音たちをよく聞き，記述することで，環境音とあなたの聴覚との初歩的な関係性を分析することができる。

*1 **サウンドスケープ**

1960年代後半，音環境全体を明示するための言葉が存在しないことに気付いたカナダの作曲家マリー シェーファーは，landscape（景観）の接尾語scapeとsoundを結び付けた造語を考案することでサウンドスケープという概念を提唱した。特定の地域で音がどのような変遷を辿ったか，それらの音を人々はどのように認識しているか等，音環境と人間の関係を，科学，社会，芸術の3領域から学際的に追求するための思想である。

1) マリー シェーファー，鳥越けい子他訳『世界の調律：サウンドスケープとはなにか』春秋社，2006，p.24.

2) マリー シェーファー・今田匡彦『音さがしの本 リトルサウンド・エジュケーション 増補版』春秋社，2009，p.3.

この活動を通して私たちは様々なことに気付く。筆者が教鞭を取る短期大学でこの活動をした時、学生たちは次のようにコメントをした。「短い時間だったけど沢山の音があることに気付くことができた」「周りの音をよく聴いてみると今まで気にしてなかった音も聴こえて楽しかったです」「普段気付かないような音にも気付けて面白かったし自分の周りにはこんなにも音であふれているんだと知りました」*2。その中で筆者が特に関心を寄せたのは「子どもの聞いている世界をもう一度体験したい」というコメントだった。

＊2　「子どもと音楽表現Ⅰ」の授業内での学生のコメントペーパーより原文のまま引用。

保育者（幼稚園教諭・保育士・保育教諭をいう）よりも語彙が限られている子どもたちが、その体験を透明な言葉で写し取るとき、保育者は彼らの感受性に驚きを覚えるはずだ。子どもたちはある瞬間に共時的に起こる音の体験を見逃さない。炭酸飲料をコップに注いだ時に気泡が弾ける音を大人になった私たちはどのように表現するだろうか。多くは「シュワシュワ」というような月並みな擬音を使って答えるだろう。しかし5歳の子どもはこんな風に言語化するのだ。

3)　朝日新聞出版編『あのね：こどものつぶやき』朝日新聞出版, 2009, p.20.

サイダーをコップに注いだ。耳を近づけて、「夏の音が　するよ」3)

この5歳児の感性は安易なオノマトペを受け付けない。音の体験はこの子どもの体そのものの体験としてある瞬間に生起する。手はサイダーをコップに注ぎ、耳は自然に音へ向かう。聴こえてくるのは〈夏〉である。私たちはもう一度子どもの頃の透明な感性を取り戻し、環境音に対して敏感であるべきなのだろう。

（2）領域「表現」と環境音について

前述の子どもの透明な感性を逃さないために、保育者は常にアンテナを張る必要がある。子どもの声で埋め尽くされた保育室で少しの時間でもよいので環境音を子どもと一緒に聞く時間をつくってみてはどうだろうか。環境音は私たちに様々な発見をもたらす。

環境音に対して、幼稚園教育要領、保育所保育指針、幼保連携型認定こども園教育・保育要領（以下、教育要領等という）の領域「表現」では、次の表6－1のように言及されている4)。

4)　文部科学省『幼稚園教育要領』（第2章 表現）2017., 厚生労働省『保育所保育指針』〔第2章3（2）オ〕2017., 内閣府等『幼保連携型認定こども園教育・保育要領』（第2章 3）2017.

表６－１　幼稚園教育要領等における環境音についての言及

内　容	内容の取扱い
（1）生活の中で様々な音，形，色，手触り，動きなどに気付いたり，感じたりするなどして楽しむ。	（1）豊かな感性は，身近な環境と十分に関わる中で美しいもの，優れたもの，心を動かす出来事などに出会い，そこから得た感動を他の幼児や教師と共有し，様々に表現することなどを通して養われるようにすること。その際，風の音や雨の音，身近にある草や花の形や色など自然の中にある音，形，色などに気付くようにすること。

表６－１は子どもたちが環境音に興味をもつことができるように，保育者が保育室，園庭等の整備を示唆している。またここで重要なのは，環境音を子どもと一緒に感じ，楽しむ保育者の姿勢であることはいうまでもない。

（3）環境音と出会う

（1）では室内での環境音の聴取を前提としたが，ここでは実際に外に出て環境音に耳を傾ける。室内に比べると屋外の方が聴こえてくる音も多くなるため，よりダイナミックで多様な音との出会いが可能となる。環境音を聴く方法はいくつかあるが，それぞれの状況を鑑（かんが）み，柔軟に実践したい。

1）サウンド・スタンディング

外に出て好きな場所に立ち，おしゃべりをせずに何分間か黙って環境音を聴く活動である。大学内の中庭や就学前施設（幼稚園・保育所・認定こども園をいう）の園庭等で実践できる。

写真６－１は筆者が短期大学の中庭で実践したものである。学生たちは，しゃがみこんでいたり，立ったり，各々自由な姿勢で環境音に耳を澄ましている。

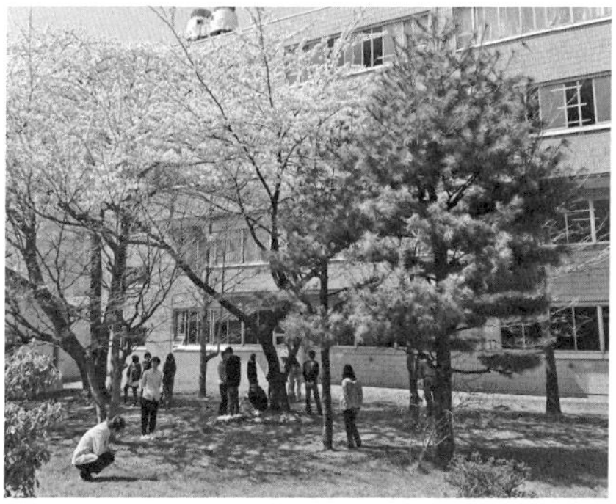

写真６－１　サウンド・スタンディングの様子

2）リスニング・ウォーク

歩きながら環境音を聴く活動である。グループごとや個人で実践することも可能であり，事前の下準備等は不要である。大学や就学前施設を離れ，環境音を聴きに行く活動になるため，交通事故等には十分注意し，安全な行動を心掛ける。

3）サウンド・ウォーク

リーダーが事前にルートを決め，参加者を引き連れて環境音を聴く活動である。

＊3　新幼児と保育編集部編『子どもとアート：生活から生まれる新しい造形活動』小学館，2013，pp.18-21.より着想を得た実践である。主に参考にしたことは，そこに掲載されている「風の楽譜」等の作品である。これらの作品を学生にも作成させ，音楽表現へとつなげる実践を考案した。

リーダーはどの場所でどのような環境音が聴こえるかを事前に把握し，ルートを決め，参加者を音の世界へと導くファシリテーターの役割を果たす。一方で参加者はリーダーのデザインしたコースに沿って環境音を聴くことになるが，リーダーの意図を必ずしも理解する必要はなく，自由に環境音に耳を傾けて構わない。

2　環境音から音楽表現へ

　サウンド・スタンディング，リスニング・ウォーク，サウンド・ウォークのいずれかを実践した後，それらの音体験を基にして音楽表現へとつなげていく。この節では筆者の実践を通して，リスニング・ウォークを音楽表現へつなげる一つの事例を提示したい。またこの事例は『子どもとアート：生活から生まれる新しい造形活動』に掲載されている「ほし組20人のモーツァルト」から着想を得ていることを明記しておく＊3。

（1）環境音を記録する

事例6-1　合浦公園でのリスニング・ウォーク

　筆者の短期大学から徒歩15分にある合浦公園は青森市を代表する公園の一つである。ここには海水浴場や野球場，小さな動物園が併設されている。そのため休日には動物を見たり遊具で遊んだりする家族連れや，部活動で野球の試合に来ている野球少年やその家族等が多く訪れる。またこの公園は青森市の桜の名所であるため，春には桜祭りも催される。今回リスニング・ウォークを実施した時は，ちょうど桜祭りが終わった頃であった。

　まず筆者は，公園の入り口に到着した学生たちに「30分間で環境音を聴き，またこの場に戻ってくるように」と指示した。学生たちは，動物園の方へ行ったり，浜辺の方へ向かったりと，各々の感性の赴くままに環境音を聴きに行く。浜辺に向かったある学生は，その場に座り込み環境音を聴くことに集中していた。この活動の後，学生たちはキャンパスへ戻りサウンド・スコアの作成に取り掛かる。

　筆者の命名によるサウンド・スコアは，大きな五線を2段組みにしたものである（図6-1）。このサウンド・スコアに学生たちは自分たちがリスニング・ウォークで体験した環境音の中で特に印象に起こった音を思い出しながら，その音の形を自由にドローイングしていく。色彩も自由に選択することができる。また合浦公園で拾ってきた花びらや落ち葉等をサウンド・スコアに貼り付けても構わない。ただし，鳥の姿等の音源そのものを描くことは禁止し，あくまで音を形で表記することとした。

（2）環境音を奏でる

1）演奏するサウンド・スコアを決める

　5～6人のグループをつくり，そのグループの中で自身がつくったものを見せ合い，演奏するサウンド・スコアを決定する。

　あるグループは図6－2のサウンド・スコアを選んだ。主に波線ギザギザ線を多用し，ピンク，黄色，緑，水色のカラーを使って描かれている。また茶色い丸が3つや4つのまとまりで使われている。

　一方で別なグループは図6－3のサウンド・スコアを選ぶ。水色と紺の大きな波線が五線の大部分を占めており，その波線の上や間に黒い丸やM字のような形を茶色で描いている。また桜の花びらや貝殻を張り付けていて，非常にユニークな作品である。

2）環境音から音楽表現へ

　ここからはサウンド・スコアを読み取り，一つの音楽作品にしていく。音にするための楽器として，今回は打楽器，弦楽器，ピアノ，グラスハープを用意した。学生はこの準備された楽器の中から選択していくことになる。

　サウンド・スコアに書かれてある波線や点を，音としてどのように表現するのかを考える。またサウンド・スコア全体から醸し出される雰囲気を感じ取り，それらを音として紡いでいく。いずれにしろグループの中で様々に試行錯誤しながら，一つの音楽作品として仕上げていく。

　この活動で重要なことは，グループの中で様々なコミュニケーションを取りながら，一つの音楽作品を組み立てていくことである。この活動では，指揮者と演奏者といった構図をつくらず，それぞれが対等な立場で創作を行うことが重要である。

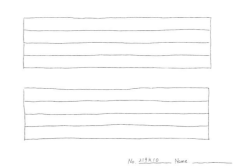

図6－1　サウンド・スコア

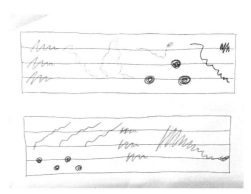

図6－2　サウンド・スコア例①

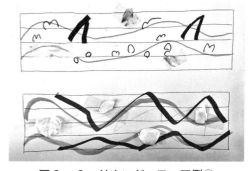

図6－3　サウンド・スコア例②

　　ここでは筆者の短期大学での実践を提示した。この実践は一つの方法であり，子どもたちの状況等に応じて様々なカスタマイズが可能である。例えば「サウンド・スコアを描くときの色彩は白黒の方がよい」「サウンド・スコアでなはく真っ白な紙でやったらどうか」「また楽器の種類として吹奏楽器も取り入れる」「楽器ではなく声でやったらどうなっていたか」等，多様な選択肢が考えられる。それらの選択を子どもたちの手に委ねることも重要な意味をもつだろう。

③ サンプリングから映像まで
―ICTの活用―

（1）自分のまわりにある音に気付く

　　子どもたちは日常の園での生活の中で，多様な素材や道具を操作する経験を通じて，モノの素材によって異なる音が生み出されることに気付いていく。ままごとでは，鍋の中に入れたどんぐりをおたますくったり，フライパンに入れたハンバーグに見立てた丸いスポンジをひっくり返したり，そのような日常的に行っている遊びの行為と音が結び付き，子どもたちの音に対する感覚の基盤を構成していくのである。

　　しかし，この日常的な行為に潜む音の経験が，ときおり子どもの意識に明確に立ち上がってくるときがある。例えば，ままごとのお鍋の中に残った一個のドングリを鍋の中でくるくるとお玉でかき回したり，フライパンでフライ返しを使ってハンバーグに見立てたスポンジを何度もひっくり返し続けたりと，似たような音が立て続けに生じたり，また一定の間隔を置いて生じたりすると，子どもはそこにリズムを感じ，それを繰り返すことで生じる音とリズムを楽しむ姿が見られる。

　　普段は無意識に行う自らの行為に潜む音の経験を，自らが意識することは大人でも難しい。実際に自分の日常的な行為に潜む音に気付く体験をしてみよう。

ワーク6－1　自らの行為が生み出す音への気付き

① 　ペンを持って丁寧に「〇」を描いてみよう。

② 　その「〇」よりも一回り大きい「〇」をその外側ぎりぎりに描いてみよう。

③ 　さらにその「〇」よりも一回り大きい「〇」をその外側ぎりぎりに描いてみよう。

④ 　今度は，テストの答案に〇付けをするようにサッと「〇」を，10秒間でいくつかけるかチャレンジしてみよう。

⑤ 　今度は，テストの答案に〇付けをするようにサッと「〇」を，3つ少し離して並べて描いて，下にどんどんと3つずつ描いてこう。

　①から③では，自分が紙にペンで描くことだけに意識が向くが，④になると次第に描くことよりも，紙とペン，そして自分の描く行為によって生み出される音に意識が向けられるようになってくる。さらに⑤では，♩♩♩＋休符の4拍子の拍子を感じられるようになってくる。

　教育要領等では，領域「表現」で豊かな感性を育むために，風の音や雨の音等の自然の音に気付くことの重要性を示した[5]。また，領域「言葉」でも，言葉がもつ音の響きやリズムを体で感じながら表現する楽しさを味わうことの重要性を示している[6]。領域「表現」と領域「言葉」の内容は，音を感じ取る点で非常に似ているが，そこには大きな違いがある。領域「表現」の内容は，自分の体から切り離された音であるが，領域「言葉」の内容は自らの体を通して生み出される音である点である。本節では，環境音と呼ばれるような，自分の体から切り離された音だけでなく，日常的な行為の中で自らが生み出す音を感じ取る感覚を広げるための授業実践を紹介したい。

5）　前掲書4）．

6）　文部科学省『幼稚園教育要領』（第2章言葉）2017.，厚生労働省『保育所保育指針』（第2章3(2)エ）2017.，内閣府等『幼保連携型認定こども園教育・保育要領』（第2章3）2017.

（2）日常の行為に潜む音を意識し，それを使って作品をつくる

　まず，はじめに身近にあるモノや素材がもつ音の特性に気付くために，「音当てゲーム」をする。

ワーク6-2　音当てゲームの方法

　家や園においてあるモノであればどれでもよいが，似たような形状だと難易度が増すので，はじめは形状の異なるものを20種類用意する。例えば，丸いビー玉，長方形の消しゴム，細長い楊枝，円柱形の電池等がよい。この中から2種類を紙コップの中に入れて，さらに紙コップを重ねてマラカスをつくり，何が一緒に入っているのかを当てる。

写真6-2　紙コップの内身

写真6-3　準備した素材と完成品

　似たような形状の素材だと難易度が増す。例えば，楊枝，プラスチックのピック，釘，まちばり等である。

　さらに，素材やコップの種類を増やしたり，紙コップに入れる素材の数も増したりすることで難易度を上げる。このゲームを積み重ねていくことで，素材がもつ音の特性への感覚を研ぎ澄ましていくことが可能となる。

　次に，日常で自分の身の回りにある音への気付きを促すために，「音再現コンテスト」を行う。

ワーク6-3　音再現コンテスト

　このコンテストでは，日常的な場面を描いた一文をお題として出し，それを音だけを使って作品を制作する。例えば，「夏，繁華街の自動販売機でドリンクを買うサラリーマン」というお題では，夏をイメージする音として「セミの鳴き声」，繁華街は「人が歩く音，話し声，笑い声，車のクラクション」，さらに「自販機で飲み物を買う音」を再現させ，それらを組み合わせて，作品を制作する。

　このゲームとコンテストでは，グループごとに制作を行い，互いの意見を出し合いながら，作品を協働的に創作する。そのため，この協働の場面で，どのような意見やアイディアが出たのか，最終的に選択した意見やアイディアについて，それを選択した理由を記述してレポートとして提出する。

（3）映像と言葉を組み合わせて作品をつくる

　そして，最後に環境音を使った1分程度の映像作品の制作を行う。映像作品の例として，2004（平成16）年にネスカフェがCMとして制作した『朝のリレー』を参考にした。このCMは「寝顔編」と「空編」の二つがあり，同年のACC[5]のCMフェスティバルで審査委員特別賞を受賞した作品である。いずれも朝の日常の様子の一場面を切り取った内容となっている。この作品は，①BGM（音楽），②映像，③詩（言葉），④環境音の4つの素材によって構成されている。①〜③を用いたCMや，効果音（例えば車のエンジン音や走ったり，歩いたりするときの足音等，特徴的な音だけを強調した音）を足したCMは多くみられる。しかし，環境音を用いた作品はその当時はほとんどみられなかった。この『朝のリレー』では，街で人が動き始める喧噪，寝返り，鳥の声等，日常の音風景を素材として用いているのが特徴である。

*5　ACC
　全日本CM協議会（略称ACC）が発展的に改組し，現在は「ACC」が正式名称。英文表記は，Confederation of Creativity。

ワーク6-4　CM制作

グループごとにCM制作をしてみよう。

① 実際に制作を始める前に，グループごとに自分たちがつくりたい作品のテーマを決め，それに合わせた素材をサンプリングしていく。サンプリングは，制作用に用意したiPadを使うグループもあれば，自分たちの使い慣れたスマートフォンやノートPCを使って，映像や音，音楽をつくり込んでくるグループもある。iPadには，複数の写真や動画を組み合わせて動画を作成するアプリ（例えば，FilmStoryやMoshow等）が無料で配信されている。ほとんどのグループはそのアプリを利用した作品づくりをする。

② この活動では，複数の写真を組み合わせて動画を作成するように条件を付けている。写真はなるべく自分たちが撮影した写真を利用し，詩は既成の好きなものを使用してよいことにしている。ただし，BGMづくりだけは，音楽経験の有無によって，質に差が表れやすいので，グループ間に差がでないように，使用する楽器は一つで，旋律のみを制作することを条件としている。

③ この制作活動では，はじめに，詩（言葉）を選定し，それに合わせた写真を撮影するグループと，映像（写真）を撮影してから，適した詩を探すグループの二通りのパターンがある。次に，環境音をサンプリングするが，必要とする環境音が録音できない場合は，音当てゲームや音再現コンテストの活動でつくった音を使用する。そして，最後に，作成したBGMを挿入して作品の完成である。

写真6-4　パソコンを使って編集作業

写真6-5　学生の活動の様子

●演習課題

課題1：環境音に耳を澄ましてみよう。どんな音が聴こえてきたか話し合ってみよう。

課題2：環境音を聴いてサウンド・スコアを作成し，音楽を奏でてみよう。

課題3：ワーク6-4で制作したCMをクラスで鑑賞し，それぞれの特徴について話し合ってみよう。

コラム　音楽を記録する―ノーテーション

　音楽を記録する手段として多くの文化圏で「楽譜」が用いられてきた。その中でも五線譜は主にヨーロッパで発展し，現在でも用いられている。ヨーロッパの楽譜の変遷は，古代ギリシアから受け継がれネウマ譜を経て，モドゥス・リズム記譜法，黒符定量記譜法，白符定量記譜法と様々な試行錯誤を経て，今日の楽譜へと発展を遂げた。特に「ヨーロッパ音楽の楽譜は，記憶のための手段という消極的なあり方からはるかに超えて，音楽の"創作の場"そのものになるという積極的な役割を果たしてきた」[1]といわれている。

　実際，音楽室等には，バッハ，モーツァルト，ベートーヴェン，シューベルト，ワグナー，ドビュッシーのように，いわゆる「楽譜」を使用した作曲家の肖像画が掲示されている。また，ソルフェージュは読譜能力の向上を目的とすることが多い。つまり西洋クラシック音楽は楽譜を中心に発展を遂げてきたことがわかる。ひるがえって今日の日本の保育・幼児教育の現場では，西洋の特定の時代，特定の階級に起こった「音楽」，その「記譜法」を必ずしも中心に据える必要はない。

　本章で提示したサウンド・スコアは，いわゆる図形楽譜というジャンルに分類される。20世紀に提唱された図形楽譜とは，「どの音をいつ演奏するかというような厳密な指示をせずに，演奏者に演奏の可能性を示唆するために図形を用いる方法」[2]である。環境音での複雑な音体験を五線譜で表すことはたいへん難しいが，図形楽譜では容易に表すことが可能となる。また環境音のみならず，子どもの創造性の育成にも図形楽譜は有効である。このように保育・幼児教育の現場での図形楽譜の活用は，子どもたちの自由で創造的な音楽活動を担保するうえで重要な役割が期待されるのだ。

　今日では楽譜での記譜に限らず，スマートフォンやタブレット等の情報端末を用いて，音楽の録音，録画が容易になった。また録音，録画した音楽データをアプリケーションを用いて，容易に編集することも可能となった。今日保育者に求められるのは，設定保育（指導案を基にねらいをもって行う保育）の教育的な目的に応じ，従来の五線譜のみならず図形楽譜等，様々な現代的手法を活用する能力といえるだろう。

*1　皆川達夫『music gallery 8 楽譜の歴史』音楽之友社，1985，p.2.
*2　ジョージ グローヴ編，柴田南雄・遠山一行総監修『ニューグローヴ世界音楽大事典 第9巻』講談社，1994，p.163.

第 **7** 章 　楽器を奏でる

　子どもが自由に楽器を奏でるとき，そこには明確な拍や調性があるわけではないことを踏まえ，本章では，楽器そのものを探求することを目的とする。音を聴いたり，奏法を追求したりしながら即興表現を楽しんだり，アンサンブルを楽しんだりする。こうした楽器遊びを支える音楽の枠組みを理解する。

1　ピアノで遊ぼう

（1）ピアノで遊んでみよう

　ピアノは，日本の保育現場とは切り離すことができない楽器である。一般にイメージされる保育の音楽活動は，「ピアノの伴奏に合わせて歌うこと」であるように，保育者（幼稚園教諭・保育士・保育教諭をいう）には現実として一定程度のピアノの演奏能力が求められている。一方，多くの保育者は保育者養成校で初めてピアノに触れる初学者であり，現場に出てからもピアノを苦手と感じる保育者は多い。

　ピアノが難しいと感じるのは，「難しい曲」を演奏しようとするからだ。ここでいう「難しい曲」とは，楽譜に書いてある曲すべてのことである。楽譜を読むには知識がいるし，初心者や子どもにとっては簡単にできることではない。

　だが，ピアノは，すずやタンブリンと同じ一つの楽器である。他の楽器と同じく，どのような音が出せるかを探求したり，簡単なルールの中で遊んだりすることで，ピアノで遊ぶこともできる。

　ここでは，ピアノを一つの楽器としてとらえて遊ぶためのアイディアを紹介する。なお，電子ピアノやオルガンでも遊ぶことはできるが，木製のピアノが奏でる音の奥深さには代え難い。是非，生のピアノに触れ，その音を澄んだ耳

で聴いてほしい。

（２）音を聴く（活動人数：１人〜）

　まずは，音色を聴くことからはじめてみる。ピアノの足元，一番右のペダルを踏み，どこか鍵盤を１音だけ鳴らして，音が聴こえなくなるまで聴いてみる。たった１音でも，ピアノの音はだんだん小さくなり，遠くへ消えていくような感じがする。高い音や，低い音だと，感じ方が変わるだろうか。

　いくつかの音を同時に鳴らして聴いてみる。ピアノの一番右のペダルを踏み，指を何本使うか決めて（感覚的に，適当でもいい），白い鍵盤，黒い鍵盤，どちらでも構わないので，鍵盤を弾いてみる。１音だけの時より，多様な，感じ方によっては複雑な響きがする。高い部分を弾いたり，低い部分を弾いたりしてみよう。強さを変えてみよう。

　音が鳴らないよう，そっといくつかの鍵盤を下まで弾いてみる。そして，鍵盤を弾いたまま，一番右のペダルをそっと踏んでみよう。普通に弾いた時とは違う，透明感のある響きが聴こえてくるはずだ。

■ ワーク７−１　アンビエントミュージックをつくろう

　アンビエントミュージックとは，聴くことを強制せず，その場に空気のようにあることを意識してつくられた音楽であり，作曲家ブライアン イーノが始めたといわれる。この活動では，動くことより，耳を澄ませて，自分がきれいだと感じる響きを探す感性が必要である。

　一番右のペダルを踏み，１つの音やいくつかの音の集まり等，鍵盤を弾いて音を伸ばし，鳴り響く音の世界を聴こう。音の長さは自由で，どちらかといえば，長めの方がいい。音の世界に，他の音を混ぜてみたくなったら，また音を鳴らしてみる。その時，鍵盤を弾いている間であれば，ペダルを踏み替えられる。ペダルを踏み替えると，響きが濁らなくなる。

（３）いろいろな弾き方で弾いてみよう（活動人数：１人〜）

写真７−１　クラスター奏法

　手の形を決めて，高い音の方，低い音の方と，動かしてみる。２本指や，ボールを掴むような形等，色々な形で試してみる。様々な鍵盤の組み合わせを試して弾いてみる。

　写真７−１のように，手のひら全体や肘から指先まで使って多くの鍵盤を同時に弾く弾き方をクラスター奏法という。20世紀につくられたピアノ曲で多く用いられている。

　もっと動きを付けてみる。動きが複雑になると難しく

なる。そこで，ルールを設ける（プロの即興演奏も，演奏者がその場でルールを決めて演奏している）。例えば，繰り返してみたり，強い音の後は弱い音にしてみたりする。

ワーク7－2　即興演奏を聴いて，身体表現をしてみよう

発展のワークとして音の高低，強弱，響きを変化させたり，あるパターンを反復させたりしよう。それに合わせて，体でどのような動きができるか試してみよう。

（4）応答性のある遊び（活動人数：2人〜）

1台のピアノを弾く場所を分けて，即興で会話してみる。ある一人が，会話を始める。一音でも，複数の音を同時に鳴らしてもよい。鍵盤の上を，歩くように高い方や低い方へと弾いてみたり，手のひらで弾いたりしてもよい。そのようにして，相手に対して「ピアノで挨拶しよう」。挨拶を受け止めたら，「返事をしよう」。同じような弾き方を返してもよいし，少し違う弾き方をしてもよい。全く違う何かを返してもよいだろう。ただ，無視してはいけない。

この会話は，みんなで同意してスタートすることもあるし，子どもとやる場合は自然と始まることもある。

（5）黒い鍵盤で即興する（活動人数：2人〜）

この活動は，即興のパートと即興を支えるパートの2つに分かれて行う。

〔即興するパート〕

黒い鍵盤の音を自由に使って，メロディーをつくってみる。難しいと感じたら，鳴らす鍵盤の数を減らす。また違う雰囲気にしてみたくなったら，黒と白とを混ぜて即興してみよう。黒だけの時とは違った響きがする。

ちなみに，「おべんとう」のメロディーは，黒鍵だけでできている。2019（令和元）年現在保育現場で流行している「パプリカ」のサビも，ほぼ黒鍵だけで弾くことができる。活動に慣れてきたら，黒鍵でつくった旋律に言葉をのせて，短い歌をつくってみよう。

〔即興を支えるパート〕

注）即興（メロディー）を支える繰り返しのパターンを，ドローンという。

2　打楽器で遊ぼう

　管弦楽器に比べ打楽器は，子どもたちにも容易に音が出せることから，就学前施設（幼稚園・保育所・認定こども園をいう）ではよく使われる楽器の一つである。例えばシェーカーのような打楽器は体に直接触れながら音を出すため，体の細かなニュアンスが音として表れやすい。また不規則な振動，いわゆる噪音を発するため，第6章（p.60〜）で示す環境音を基盤としたサウンド・スコアを音にする際にも，より透明度の高い表現が可能となる。この節では，より柔軟で創造的な打楽器の奏法について提示していきたい。

（1）打楽器で遊んでみよう

　打楽器とは，「打つ，振る，こする，はじくなどの方法（演奏法）によって音を出すことができる楽器や物体」[1]の総称である。また手で打つことだけではなく，様々な道具を用いて音を奏でる。その1つがスティック（stick）であり，木製の細長い棒状のものを示す。主に小太鼓やドラムセットを奏する時に用いる。2つ目がマレット（mallet）であり，細い長い柄の先端に球が付けられているものを示す。その球に毛糸やフェルトが巻かれているものもある。主にマリンバ，グロッケン等の鍵盤打楽器や，大太鼓やティンパニーを奏する時に用いる。3つ目がビーター（beater）であり，細い金属製の棒を示す。主にトライアングルやウィンド・チャイムを奏する時に用いる。これらの道具は楽器メーカーによって様々な種類が存在するため，曲想に応じて使い分けることが可能である。また市販されているマレットは大人の体に合わせてつくられているため，子どもたちが使用する際には体に合わせて，柄を切る等して扱いやすいように長さを調節する必要がある。

1）タンブリンで遊ぶ

　打楽器の基本的な音の出し方である「打つ・振る・こする・はじく」の4つの動作で，まずはタンブリンで音を出してみよう。
　タンブリンは4つの動作で音を鳴らすことができる打楽器である。就学前施設でもよくある楽器であるため，子どもたちと，このワークを一緒に楽しむこともできる。この動作だけでタンブリンから4つの音色を容易に奏でることができる。次のワークでは体の様々な部分を用いてタンブリンを鳴らすことを試してほしい。

1）　ジョージ グローヴ編，柴田南雄・遠山一行総監修『ニューグローヴ世界音楽大事典第10巻』講談社，1993，p.212.

ワーク7－3 体の様々な部分で鳴らす

「打つ」動作でタンブリンを鳴らす時，手のどの部分を使って鳴らしているだろうか。多くの人は指の腹を使っているだろう。他にも指先，手のひら全体等，体の様々な部分で鳴らしてみよう。

体の様々な部分で鳴らすことで，1つの動作でも多様な音色を出すことを再発見できるワークである。他の動作の場合でも同様である。「振る」時は手首で振るのか，また腕全体を使って振るのか。また「こする」場合は親指以外にも人差し指を使ったり，「はじく」場合は人差し指や中指を使ったりと，試行錯誤しながらやってみよう。次のワークではどのようにタンブリンを鳴らすのかを考えてみよう。

ワーク7－4 多様な音色と追求

「打つ」動作でも，やさしく打つのか，大きく振りかぶって打つのかで，音の鳴り方が全く異なってくる。様々な「打つ」を試し，タンブリンで多様な音色を追求してみよう。

以上は，4つの基本的な動作を用いたり，体の様々な部位で音を鳴らしたり，どのように打つかを考えたりしながら，タンブリンで多様な音を追求していくことを実践することができただろうか。子どもたちと行う場合は身体的な発達面も考慮し，保育者とともにタンブリンで多彩な音色を見つけていってほしい。

2）マリンバで遊ぶ

打楽器の中でもマリンバは旋律を奏でることができる楽器である。またマレットを用いて演奏するため，マレットの種類等によっても多様な音色をだすことができる。様々な奏法を試すことで，マリンバの可能性を追求していきたい。

ワーク7－5 「タンブラン・パラフレーズ」

安部圭子作曲「タンブラン・パラフレーズ」を聴いてみよう。1台のマリンバではあるが，様々な音色を楽しむことができる。どのように演奏しているか想像してみよう。

この曲は特殊奏法が様々に取り入れられていて，楽譜には5つの特殊奏法が示されている。用いられている特殊奏法を表7－1（次頁）にまとめる。

表7－1　5つの特殊奏法

1	撥のヘッドを音板に押しつけて音を止める。
2	音板の端を撥の柄の部分で打つ。
3	音板の端を撥の柄の部分で弾ませるように打つ。
4	左右の撥の柄の部分を打ち合わせる。
5	左右の撥の柄の部分をはずませように打ち合わせる。

出典）安部圭子『安部圭子ソロ・マリンバ作品集』ジーベック音楽出版，1997，p.25
を参照し，作成.

　1～3はマレットのどの部分で音板を打つのか，あるいはどのようにしてマレットで音板を打つのかを示している。また4と5はマレット同士を叩き合わせることでマレット自体を打楽器的に扱っている。2のような特殊奏法を用いた曲に，リー　ハワード　スティーヴンス作曲「Rhythmic Caprice」がある。興味がある人は一度聴いてみてほしい。実際に表7－1に示した1～5の奏法を用いてマリンバで音を鳴らすことで「タンブラン・パラフレーズ」でどのように音を鳴らしていたのかを実感することができるであろう。またこの奏法を用いることで，ほかの鍵盤打楽器への応用の可能性も広がっていく。次のワークではこの奏法を用いて実際に曲を演奏してみよう。

ワーク7－6　奏法を試す

　表7－1に示した1～5の奏法を用いて，簡単な曲を演奏してみよう。例えば輪唱の歌で広く親しまれている「かえるのがっしょう」を，この奏法で試してみよう。

　「かえるのがっしょう」は子どもたちにも馴染みのある曲であり，旋律も簡単であるため，マリンバでも容易に演奏することができる。そのため1～3の奏法を取り入れやすい。グループで一緒の奏法で演奏したり，フレーズごとに奏法を変えてみたりと，様々に考えながら演奏してみよう。

③　アンサンブルをつくろう

　アンサンブルとは，複数の人々が声を重ねる合唱や楽器を共に演奏する合奏を指す。子どもにとって，一人で歌ったり，楽器を演奏したりするのではなく，周りの友だちと共にアンサンブルを行うことは，「一緒に行う」という共同体感覚を身に付ける点や，互いの音を聴きながら演奏する点等において重要な表現活動である。このようなアンサンブルにおいて，まず大切なのは，音を「聴く」ことである。自分自身の音を鳴らすことだけに意識が限定されてしまうと，友だちと音を合わせるアンサンブルの魅力に気付きづらくなってしま

う。「自分が鳴らしている」,「友だちが鳴らしている」, そして,「一緒に鳴ら
している」ことが(時には無自覚的でもよいので)感じられるように保育者は留
意をし, 言葉掛け等をする必要がある。本節ではこれらのことを念頭に, 主に
合奏を主軸とした活動を紹介しつつ, 子どもたちのアンサンブルづくりについ
て考える[*1]。まずは「聴く」ということから出発し, 常に聴くことを大切にし
たアンサンブルづくりをしよう。

＊1　「声を合わせる」
活動については, 第4
章, p.38～を参考され
たい。

（1）聴くこと

　音楽表現において, 聴くことを大切にした活動はいくつかあるが, 本節で
は, 声で表現する合奏ではなく, 楽器等を使った合奏の活動を見据え, 特に
「音色」を意識して活動を進めていく。まずは, 音色の違いを感じる活動から
始めよう。例えば, 木でできた楽器(カスタネットやウッドブロック等)と金属
でできた楽器(トライアングルやハンドベル等)の聴き比べから始めると, 子ど
もたちはそれぞれの楽器の音色の違いを意識することのできる出発点となるだ
ろう。楽器だけでなく, 楽器とそうでないもの(落ち葉等の自然物や新聞紙等の
日用品)の音色の違いを楽しんでもよい。また, 聴くことをねらいとしたこれ
らの活動においては, 音に集中できる環境づくりにも留意したい。なるべく静
かな音環境の下で行うことや,「今日は目をつぶって聴いてみよう」等の手立
てを取り入れながら, 聴く活動を行うことが大切である。発達に応じて,「今
の音はこんな風に聴こえた」等, 言葉で意見を伝え合う活動を取り入れなが
ら, 日常的に, 継続的に音を聴く活動を深めていこう。

（2）重ねること

　それぞれの音色の違いを感じた後は, 楽器等の音を重ね, その音色や響きを
楽しもう。以下に, 子どもたちが様々な音色の重なりを聴くことのできる活動
例を紹介する。

〔活動の流れと留意点〕
①　一人一つの楽器をもち,「○○の楽器」を担当する子どもが楽器を鳴ら
　　す。楽器を鳴らさない子どもたちも, 毎回違う音色の重なりや響きを聴け
　　るように留意する。
②　「ぎんいろの楽器」,「木でできた楽器」,「ピカピカひかる楽器」等, 材
　　質が近い音色の重なりを聴く。
③　違った音色の重なりや様々な音色の変化を楽しめるよう,「丸い楽器」,
　　「振って鳴らす楽器」や「1月生まれのお友だち」,「青い服のお友だち」
　　等のグループ分けで音を鳴らしてみる。

〔活動例：きかせてください，どんな音〕

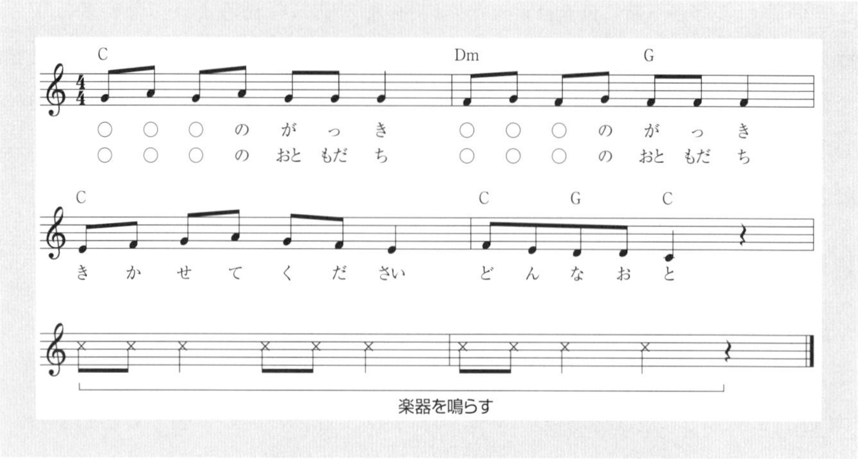

図7-1　楽譜：「きかせてください，どんな音」

楽器だけでなく，自然物や日用品等でも活動を行うことができる。

（3）聴くことと重ねること

　合奏の留意点は，子どもが楽器を鳴らすことと，周りの音を聴くことを同時に行えるよう工夫することである。しばしば，自分が楽器を鳴らすことだけに意識が偏ってしまい，周りの音を聴けなくなってしまう子どもがいる。上記の活動「きかせてください，どんな音」のように，まずは，楽器を鳴らす子どもと，鳴らさない子ども（音を聴く子ども）が明確に分かれている活動から始めることも大切である。楽器を鳴らさない時に，音を聴くことに集中するよう意識付けや言葉掛けを行うことで，自身が楽器を鳴らす時にも，周りの音色と自分の音色の重なりを感じながら演奏をすることが自然と行えるよう留意しよう。

（4）自由にやることの難しさ

　保育者はよく「自由にやって（表現して）ね」と子どもたちに声掛けをすることがある。無論，子どもたちがやりたいように表現できること，自由に表現できることが一番大切であり，それを支えることが保育者の役割であることは大前提である。しかし，複数人で音を出す音楽表現活動においては，それぞれが自由に音を出すことが，無秩序的に音が氾濫することにつながる可能性を孕んでいる。また，一斉に楽器を鳴らすと音量も大きくなりがちであり，耳を塞いでしまう子どもを目にすることも多い。このようにそれぞれが好き勝手に音を鳴らすだけでは，子どもたちの主体性も長く続かず，「もうつまらないからやめる」，「うるさいからやめる」という姿につながる恐れがある。このような

場合，例えば同じ一つのリズムやオスティナート*2等の音楽的共通項が存在するだけで，子どもたちの音への集中がぐっと増し，音楽を聴く姿勢や演奏したい気持ちが長く続くこともある。子どもたちが自由に自分自身の音を表現できる主体性を保ちつつも，周りと音を合わせることの楽しみを同時に感じられるためには，上記のような，「リズム」や「オスティナート」等，子どもが周りと音楽を共有できるきっかけや枠組みを保育者が提供することも大切である。

＊2　オスティナート
　短いリズムや節の繰り返し。

（5）アンサンブルを楽しむためには

　子どもにとって，自分の演奏が周りと「合っている」と実感する瞬間はどのような時だろうか。また，その時の子どもの姿についても考えてみよう。子どもが「合っている」という実感をもつ背景には，聴こえた音の重なり，音量，子どもたち同士の視線の合わさり等，様々な要素が考えられる。注意したいのは，保育者や大人が主導して音楽を「合わせる」ための指導を行うのではなく，あくまでも，子どもたち自身が「今，合ってたね」と自然に感じる気持ちを大切にすることである。そのためにも，技術偏重の合奏指導ではなく，まずは周りの音を聴きながら音を鳴らすステップを大切にしよう。楽器の音が保育室に氾濫してしまう場合は，一度楽器をすべて手放して，手拍子や膝拍子で同じリズムを叩いたり，息を吸ったり吐いたりして呼吸を合わせることに立ち戻ってみることも必要である。

　本節で紹介した活動は，発表会や音楽会でステージに立って演奏するような合奏の形態とは少し違ったものである。より初歩的な活動だと感じる方もいるかもしれない。無論，本節では触れていないような，楽譜に沿った合奏や音階がある合奏，少し複雑な曲の合奏等も，子どもたちにとっては意味のある活動である。しかしながら，どのような形の合奏であっても，「聴く・重ねる・重ねた音をまた聴く」というアンサンブルの原初から子どもたちが遠ざかりすぎないように，アンサンブルをつくることが大切である。

🔘演習課題

課題1：本文にあった，ピアノの黒鍵だけを使って即興してみよう。

課題2：グループごとに打楽器を一つ選んで，その楽器の奏法を考えてみよう。

課題3：楽器を一つ選んで，リズムの繰り返しや，オスティナートを取り入れたオリジナルアンサンブルをつくってみよう。

コラム　日本人としての音

「日本の音楽」は，日本人である私たちにとって最も身近な音楽のはずであるが，その反面，とても遠い存在に思えることはないだろうか。もしそうだとするならば，「日本の音楽」と聞いて能，歌舞伎，浄瑠璃等の伝統芸能や箏（そう），三味線，尺八等の伝統楽器が思い浮かんでいるからである。しかし，私たちはふとした瞬間に日本人としての音の感性をもっている。それは大人だけではなく子どもも同じである。以下の事例で考えてみたい。

事例7－1　3歳児・8月

　3歳の男児Aがおもちゃで遊んでいる。そこに同じクラスの男児Bが「いーれて」と歌っている。それを聞いた男児Aは「だーめよ」と男児Bと同じメロディーで答える。男児Bはそれに負けじと大きな声で再度「いーれて」と繰り返し歌い，男児Aと何度か問答しあう。

　男児らのこうしたやりとりは，子どもたちの生活の中で耳にすることが多い。普段，何げなく聞いているが，音構成に着目してみると隣り合う2音でできている。この音構成は，「あした，天気になーれ」や「おせんべ焼けたかな」のメロディーと同じである。フレーズの終止する音が2音の上の音で終わっており，それが日本特有の音の仕組みなのだ。しかし，この男児たちはどこでこうした日本的な音を歌えるようになったのだろうか。どこかで習ったのであろうか？　いや，保育者や一緒に過ごす子どもが歌っているメロディーを無意識に聞く中で，自分で歌えるようになり，さらには，自由に使うことができるようになったのであろう。昔から歌い継がれ，遊び継がれてきた「わらべうた」等は現代において少なくなってきているといわれている[1]。しかし，子どもたちの中にはこうした日本的な響きの音楽を心地よい，そして歌いやすい，自由に歌うことができるという日本人としてのアイデンティティが今でも息付いているのである。そして，若林は，「日本語で世界を分節し思考するわたしたちにとって，まずは日本語を歌うこと・日本語の音による感情表現を味わうこと・日本語で音楽構造をとらえること・日本語で音表現と社会との接点を確かめることが，わたしたちの表現の軸もしくは核となるはず」[2]と述べている。大人や子どもと年齢は違えど，日本人としてのアイデンティティ，また日本人としての共有できる音感覚はこれからも大切に，そして，保育者として保育実践に生かしていきたいものである。

＊1　岩井正浩『わらべうた・遊びの魅力』，第一書房，2008.
＊2　日本音楽教育学会編『音楽教育学の未来』，音楽之友社，2009, p.13.

第8章 絵本と音楽

本章では，子どもにとって身近な絵本と音楽の関連に着目する。絵本には，絵本そのものに内在する音楽性と，読み手から引き出される音楽性がある。また，絵本を題材とした音楽表現にも様々な表現がある。絵本をもとにどのような音楽表現を引き出すことができるのか，実践的に理解する。

1 絵本と音楽の関係

絵本と音楽の関係は深い。絵本や子どものための物語を原作に数多くの音楽がつくられている。例えばクラシック音楽では，チャイコフスキー作曲のバレエ音楽「くるみ割り人形」はホフマンの物語が原作であり，日本語の絵本だけでも数種類出版されている。絵本『ぞうのババール』にプロコフィエフが作曲した音楽物語「小象ババールの物語」は各国語に翻訳されており，日本でも度々上演される。

逆に「ピーターと狼」のように，作曲家が音楽作品をつくる時と同時にでき上がった物語も，絵本として存在する。また，ピーターパンやメアリーポピンズ等たくさんのミュージカル映画が絵本になっている他，『はらぺこあおむし』（エリック カール作・絵）のようにロングセラー絵本に音楽が後からつくられたものや，『やさしいライオン』（やなせたかし作・絵）や『ねこのピート』シリーズ（エリック リトウィン作，ジェームス ディーン絵）のように，もともと絵本の場面に楽曲が含まれ，巻末に楽譜の付属しているものも存在する。

絵本と音楽の親和性は高い。多くの共通項をもっており，「音」の存在がその第一にあげられる。音楽が「音」（とサイレンス）で成り立っていることは明らかだが，実は絵本も読み手の声という「音」で成り立っている。特にまだ文字を読まないような乳幼児にとっては，大人に読んでもらうことにより絵本の

世界が完成する。その他にも，歌も絵本も「物語」を伝えるという共通した役割を担っている。絵本は「言葉」と「絵」と「物語」から成り立っている総合芸術である[1]。絵本を楽しむことは乳幼児にとって，その物語の主人公になりきりその世界を疑似体験することだが，絵本に「音楽」が加わることでよりその世界観がリアルに感じられるものとなる。そのため絵本を用いた音楽会は乳幼児の総合芸術への入り口としても考えることができる。

（1）絵本に内在する音楽性

絵本が子どもの文化として成立するためには「音」が不可欠である。特に文字を読むことがまだできない乳幼児には，大人が絵本の文章を声に出して読むことでその物語が伝えられる[*1]。その声の響きには大きさ，抑揚，音色，リズム等，音楽と同じ要素が揃っている。絵本の文章はオノマトペ等，繰り返しの言葉を多く含み，音読された時にリズミカルで音楽的である。

また，文字が読める年齢の子どもたちや大人にとっても，絵本の文章や絵から「音」や「音楽」が強く感じられるものが多い。例えば，『おおきなかぶ』（トルストイ作）のように，おじいさん，おばあさん，孫，犬，猫，ネズミが順番に登場し，かぶを引っ張るという同じ行動を繰り返すのも，物語の展開のリズムという音楽性だととらえることができる。登場キャラクターが徐々に増えていくことにより，「うんとこしょ　どっこいしょ」とかぶを引っ張る声がだんだんと大きくなっていくのも音楽的なダイナミクスの変化である。絵本そのものにすでに音楽が内在している[*2]。その他にも，絵そのものから音や音楽が聞こえてくる作品として『だくちる　だくちる』（阪田寛夫文，長新太絵），『アフリカの音』（沢田としき作・絵），『よるのようちえん』（谷川俊太郎文，中辻悦子絵）等を心理学者の河合隼雄が著書『絵本の力』で紹介している。

1）言葉の音を楽しむ

絵本には，言葉の音を楽しむ作品も多い。『じゃあじゃあびりびり』（まついのりこ作・絵），『もこもこもこ』（谷川俊太郎文，元永定正絵）等，オノマトペの語感を楽しむものや，『ことばあそびうた』（谷川俊太郎文，瀬川康男絵），『これはのみのぴこ』（谷川俊太郎文，和田誠絵）等の繰り返される言葉のリズムが楽しいものもある。

例えば，『るるるるる』（五味太郎作・絵）は，説明的な文章は一切なく，文字はほとんどが平仮名の「る」だけでイラストの一部として描かれている。その文字のサイズが大きくなったり，色が変化したり，描かれる場所や向きや間隔が変化することでストーリーを伝えている。このような文字の描かれ方が絵

1）　正木友子『保育のなかの絵本』かもがわ出版，2015，p.22.

*1　大人の膝の上で絵本を読んでもらうことが子どもに与えるモノについて，詳しく知りたい人は中川李枝子『本・子ども・絵本』（大和書房，2013）を参照してほしい。

*2　絵本に内在する音楽性を竹内・奥は
① 画のもつ音楽性，
② 言葉のもつ音楽性，
③ テーマのもつ音楽性の3つに分類している。
竹内 唯・奥 忍「絵本の中の音楽－画・言葉・テーマとの関連に着眼して－」岡山大学教育実践総合センター紀要，第7巻，2007，pp.27-37．古市久子「絵本から聞こえる音楽」東邦学誌，第39巻第1号，2010，pp.53-70.

本に登場する飛行機の音とその変化を表しており，絵と文字による画の構成によって読み手は無機物である飛行機に感情移入してしまう。この絵本を音読する時，必然的に読み手の声の大きさ，音色が変化し，抑揚がつき，リズミカルかつ音楽的になる。

2）絵に描かれる音楽

登場人物が歌を歌う場面や音楽を演奏する場面が描かれた絵本はもちろんだが，そうでない絵本にも「音」や「音楽」を感じさせるものが存在すると河合は述べている[2]。

絵のもつ力を有効に使って音の感覚を表した絵本に『うたがみえる きこえるよ』（エリック カール作・絵）がある。この絵本は唯一の登場人物であるバイオリニストが登場し，演奏を始めるまでは黒一色で描かれている。しかし演奏が始まると，バイオリンから奏でられる音がカラーになる。さらに次のページからは奏でられた音や音楽が表す情景が豊かな色彩で様々に描かれる。そして演奏を終えたバイオリニストもすっかりカラフルになり，お辞儀をして舞台を去る。この絵本では，最初の方のページに数行の文章が書かれているだけで，残りのページはすべて絵だけで構成されている。その文章は，バイオリニストの男性が演奏を始める前に述べるセリフである[*3]。登場人物が述べる通り，バイオリンの音と音楽が何ページにもわたる絵で表現されている。この絵本の最後の作者からのメッセージには，この絵本を作者自身が講演会で使う時に，1回目は各ページのスライドを音楽なしで見せ，2回目には演奏の始まる場面からはモーツァルトの「セレナード第4番ニ長調 K.203」の中のメヌエット（ヘ長調）の部分を流すと書かれている。

絵本には上記のような形で音や音楽を楽しむことができるものが存在する。表8-1（次頁）にその形態を5つに分類した。

2　絵本で音遊び

絵本には読み手から音や音楽的な体の動きを引き出す力がある。その力を活用し，絵本で音遊び・音楽遊び・音楽づくりの活動を楽しみながら行うことができる。中には読み始めると自然に体を動かしたり，声を出したりしてしまうものもある。そんな絵本を使った音遊びを紹介する。

（1）体のウォーミングアップ

音楽を始める前の，体のウォーミングアップにも絵本が活用できる。例えば『できるかな？あたまからつまさきまで』（エリック カール作）では登場する動

2)　河合隼雄・松尾直・柳田邦男『絵本の力』岩波書店，2001.

*3　「みなさん！ わたしにはうたがみえます。音楽がえがけます。色もきこえます。わたしは空のにじにふれ，大地のいずみをかんじます。わたしの音楽はひとりでにかたりだし，色はおどりはじめます。さあ！ あなたも耳をすませ，空想のつばさをひろげて，絵本の中のうたをみてごらんなさい」
エリック カール作，もりひさし訳『うたがみえる きこえるよ』偕成社，1981．p.4.

表 8 - 1　音や音楽に関わる絵本の 5 つの形態

声の変化を楽しむ絵本	『るるるるる』（五味太郎作・絵，偕成社） 『あーといってよあー』（小野寺悦子文，堀川万里子絵，福音館書店） 『だっだぁー』（ナムーラミチヨ作・絵，主婦の友社）	・絵本の文章を読むと自然に声の出し方が変化してしまう絵本がある。これらは声のウォーミングアップに用いやすい。
言葉のリズムが楽しい絵本	『ことばあそびうた』（谷川俊太郎文，瀬川康夫絵，福音館書店） 『これはのみのぴこ』（谷川俊太郎文，和田誠絵，サンリード）	・繰り返しの言葉のリズムや響きを楽しむ絵本。落語の「じゅげむじゅげむ」や付け足し言葉の「合点承知の助」等もリズミカルで声に出すと楽しい。
歌を基につくられた絵本	『うたえほん』（つちだよしはる絵，グランまま社） 『あめふりくまのこ』（鶴見正夫詩，高見八重子絵，ひさかたチャイルド） 『どんぐりころちゃん』（みなみじゅんこ作・絵，アリス館）	・様々な子ども向けの歌を集めた絵本。『うたえほん』のように 1 冊にたくさんの幼児歌曲が絵とともに収録されたものや，『あめふりくまのこ』のように 1 曲の歌詞のストーリーを 1 冊の絵本に仕立てられたものがある。
物語の一部に音楽が含まれる絵本	『ノンタンこちょこちょこちょ』（キヨノサチコ作・絵，偕成社） 『めっきらもっきらどおんどん』（長谷川摂子作，降矢なな絵，福音館書店） 『やさしいライオン』（やなせたかし作・絵，フレーベル館） 『ねこのピート』（エリック リトウィン作，ジェームス ディーン絵，ひさかたチャイルド社）	・登場人物が歌う場面がある絵本。『やさしいライオン』や『ねこのピート』には楽譜も収録されている。『ノンタンこちょこちょこちょ』や『めっきらもっきらどおんどん』には楽譜はないので，読み手が自由にメロディーをアレンジして読むことができる。
音楽や楽器がテーマの絵本	『うたがみえる きこえるよ』（エリック カール作・絵，偕成社） 『オオカミくんはピアニスト』（石田真理作・絵，文化出版局） 『ぼくにピアノがひけたら』（栗山邦正作・絵，講談社） 『セロ弾きのゴーシュ』（宮沢賢治作，さとうあや絵，ミキハウス） 『きょうはマラカスの日』（樋勝朋己作・絵，福音館書店）	・ストーリーのテーマ自体が音楽や楽器である絵本。楽器の演奏場面が多いため，読者は実際の楽器の音色や曲のメロディを聴いてみたくなる。絵本の音楽会のプログラムに入れやすい。どんな曲を組み合わせようか，どんな演奏が絵本に合うか想像力を掻き立てられる。

物たちが色々な動きを，読み手に向かって「できるかな？」と問い掛ける。この絵本を読み始めると子どもたちは自然に体を動かし，楽しみながらウォーミングアップができる。この本の実践例として，それぞれの動物に合わせて打楽器を選び，動きにあったリズムパターンを繰り返すことで子どものリズミカルな動きを引き出す方法もあげられる。

　読み手に向かって問い掛けるという手法が，『よわむしモンスターズ』（のぶみ作）にも用いられている。登場するモンスターたちをやっつけるために読み

手は拍手をしたり，足を踏み鳴らしたり，様々な動きを求められる。

　『おどります』（高畠純作・絵）は，動物が次々に登場してフラダンスを踊る絵本である。出てくる動物によって声色を変えて，動きを変えて楽しく踊ることができる。どの動物も「メケメケ　フラフラ」と同じフレーズを繰り返すため，その部分のメロディーをつくると楽しい。また，そのメロディーを動物により楽器を変えたり，テンポを変えたりとアレンジすることでより音楽的に楽しむことができる。

（2）声のウォーミングアップ

　『あーといってよあー』（小野寺悦子文・堀川万理子絵）は，本来は声の出るしくみをテーマに扱った科学絵本であるが，すべてのページにわたり様々な方法で「あー」という声を出すことを要求されるため自然に発声練習を行うことができる。声の大きさ，長さ，音高，音色のコントロールをし，感情を込めた表現をし，集団で声を合わせる場面もあり，楽しみながら色々な声を出すことができる。子どもはもちろんだが実は大人の発声練習にこそ有効だと感じられる絵本であるため，絵本の読み聞かせを行う前に読むことをお勧めする。

　『るるるるる』（五味太郎作）は前述した通り，飛行機の飛ぶ様子を「る」（一部のみ「れ」）の文字で表した作品である。途中に何機もの飛行機が飛び交う場面があるため，飛行機がすれ違う様子や，たくさんの飛行機が乱れ飛ぶ混乱した様子を声で表現する方法をグループで協力して試行錯誤することができる。

（3）楽器を使って

　『どんなおと？』（ツペラツペラ作・絵）は「てをたたいたら　どんなおと？」のフレーズで始まる音探しがテーマの絵本である。本来は，音を想像して楽しむ絵本であるが，実際に楽器だけでなく身の回りにあるもの，自分たちの体を使って音をつくり出す活動ができる。幼児を対象とした音づくりの活動に用いることができる。

　『きょうはマラカスのひ』（樋勝朋己文・絵）はタイトルの通り，登場するキャラクター3人がマラカスの演奏を披露する日を描いた物語である。3人のそれぞれ個性的な演奏を表現するためには，マラカスをどんなふうに振ったらよいか，音の出し方の工夫が必要となる。そのため，低年齢の子どもが演奏するのには少し難しいが，保育者（幼稚園教諭・保育士・保育教諭をいう）を目指す学生の音楽表現技術を伸ばすよい教材となる。

3　絵本で音楽会

絵本を用いた親子向けコンサートはプロの演奏家によるものも数多く行われている。しかし，絵本に音楽を付ける活動はかつて小学校の音楽科の教科書にも音楽づくりの題材として取り上げられていた（例：鶴の恩返し，おおきなかぶ，もけらもけら）。保育者養成課程の学生を対象とした取り組みが実践研究として報告されている[3]。また，近年では幼児を対象とした音づくりの例も報告されており[4]，筆者自身も親子対象の絵本の音楽会で観客参加のプログラムを行っている。

これらのことから，絵本を用いた音楽会をつくりあげる活動はあらゆる年齢を対象とすることが可能だといえる。ただし，観客の発達年齢に合わせた音楽づくりの工夫が必要である。また，絵本自体にも対象年齢があるため考慮する必要がある。

写真 8 － 1　効果音と歌を付けて絵本を読む学生たちと聞き入る親子

3)　梶間奈保「授業における創造的音楽学習『音の絵本』の発展的な学び―『おはなしレストラン』での地域実践を通して」島根県立大学短期大学部松江キャンパス研究紀要, vol.54, pp.139-148, 2016.

4)　櫻井琴音「幼稚園における音楽表現活動に関する一考察―お話と音づくり―」西九州大学子ども学部紀要, vol.5, pp.31-38, 2013.

（1）物語に音楽を付ける

絵本に付ける音・音楽として考えられるのは，① 演奏する場面の音楽，② 場面の情景や登場人物の心象を表す音楽，③ 効果音である。

演奏する場面の音楽は『やさしいライオン』や『ねこのピート』のように楽譜が掲載されているものもあるが，そうでないものの方が多い。曲の指定がない場合，選曲により作品の雰囲気が大きく左右される。選曲に迷った時には，誰に向けた作品づくりをしているか考え，観客に伝わりやすいものを選ぶとよい。

場面の情景や登場人物の心象を表す音楽には，既知の楽曲を使う方法と即興で演奏を行う方法が考えられる。物語の始まりや終わりにはテーマ曲になるような楽曲を選ぶことも有効である。即興で，特に打楽器等を用いて音楽をつくる方が，メロディーやリズムが定められた楽曲より，観客参加型の音楽会には向いている。即興で音楽づくりをする際には，何らかの音楽ルールに基づいて行うとよい。つまりファシリテーター（導き役）が音楽の仕組みをよく理解しておく必要がある。

効果音は，鉄砲の音を太鼓で，雨の音はレインスティック，波の音はオーシャンドラム等，様々な打楽器を使用してつくることが容易である。また，ピアノや鉄琴・木琴等を使用して，登場人物の動作や，その他の音をつくることもできる。

絵本に音楽を付ける時に気を付けたいのが声の大きさとのバランスである。音楽に乗せて文章を読んだ方が効果的な場面もあるが，楽器の音で言葉が聞こえなくなることのないように注意が必要である。また，音や音楽の入るタイミングを決めるとともに，効果的な間の取り方も考慮する必要がある。絵本に音楽を付ける場合，声だけではなく様々な音が増えるため，かえって何も音が鳴らない「間」の印象が強くなる。それを利用し，物語をよりドラマチックに表現することが可能である。

（2）乳児向け絵本1冊で1曲　実践例1『ぴょーん』

赤ちゃん絵本にはストーリーの展開がないものもあり，こうした絵本には前項で記した方法は全く当てはまらず，音楽を付けるのは難しい。オノマトペや言葉の繰り返しが多い，言葉の音自体を楽しむものが多く，その楽しさを邪魔しないようにするには，既存の音楽を組み合わせることも難しい。そもそも赤ちゃん絵本は，保育者と赤ちゃんが1対1で読まれることを前提としてつくられている。そのため，絵本の音楽会で行うように集団に対して読むことには適していない。

とはいえ，子育て支援の親子教室や図書館での絵本の読み聞かせ等，保育所や認定こども園以外にも乳児の集団に向けて絵本が読まれる機会は増えており，0・1・2歳向けの大型絵本も市販されている。実際に乳児対象の親子教室での音楽付き絵本の読み聞かせの実践報告等もされている[5]。

そこで著者が乳児対象の親子教室で行った『ぴょーん』の例を2つ紹介する。この絵本はカエルをはじめとして様々な動物が順番に登場し，ページをめくった見開きに大きく「ぴょーん」とジャンプする様子が描かれている。動物によってジャンプする様子が変化し，途中ではかたつむりが登場してジャンプできない，という起承転結の「転」に当たる部分もある。

5）　嶋田ひろみ・疇地希美「絵本読み聞かせにおけるピアノ伴奏の効果—0歳児に焦点を当てて—」（日本保育学会第67回大会口頭発表）2014.

─ 事例8−1　幼児歌曲で登場キャラクターを表現する ─

カエルの登場場面では「かえるのがっしょう」を演奏する等，出てくる動物にちなんだ楽曲をそれぞれ使用する。よく知られている幼児歌曲を選曲することで，参加者と一緒に色々な曲を歌いながら，その動物になりきって「ぴょーん」とジャンプするページで体を動かして楽しむことができる。

─ 事例8−2　クラシック音楽に合わせて体を動かす ─

1つの楽曲を1冊に当てはめる方法である。著者らはチャイコフスキー作曲「くるみ割り人形」より「花のワルツ」を選曲した。この曲は3分程度あり乳児が鑑賞するには長い楽曲であるが，絵本を用いることで曲を最初から最後まで通して楽しむことができた。

　演奏にはピアノとトライアングルとチェロを使用した。前奏部分では3拍子のリズムに乗って音楽を楽しみ，主題が始まる前に間を置きタイトルコールを入れた。「カエルが」と読んだ後で十分に間をとった後でページをめくりながら「ぴょーん」という声に合わせて主題のメロディが始まるようにした。その後も曲の途中途中で間を置き，朗読の声と重ならないようにした。登場する動物の中で唯一ジャンプできないかたつむりの場面でちょうど短調のメロディーが来るようにし，チェロで演奏した。

　日本で育つ子どもは3拍子の音楽に触れることが少ないが，ワルツのリズムに乗って体を動かす経験のできる作品となった。また，クラシック音楽の生演奏であることが参加親子に喜ばれた。チェロのパートはサックスや鍵盤ハーモニカ，電子ピアノ等他の楽器での演奏が可能である。

（3）観客参加型音楽づくり　実践例2 『スイミー』

　絵本の音楽会で観客である幼児も参加できる作品例として，『スイミー』（レオ レオニ作・絵，谷川俊太郎訳，1969，好学社）を紹介する。

　この絵本はスイミーという名の小さな黒い魚が海を冒険して仲間を見つける物語である。マグロに襲われ仲間を失ったスイミーは広い海で素晴らしい生き物たちと出会うが，その海の生き物たちが見開きのページいっぱいに美しい絵で描かれている。大型絵本を広げると，小さくて真っ黒なスイミーとの対比も相まって，迫力満点である。スイミーと海の生物たちの物語に音楽を付け，打楽器を用いた即興演奏で行う。

事例8－3　絵本の音楽会

　『スイミー』の見開きページに掲載された海の生物は，登場順に，クラゲ，伊勢エビ，見たこともない魚たち，昆布やワカメの林，うなぎ，イソギンチャクである。これらの生物をそれぞれ担当するグループを子どもたちでつくり，打楽器や，ボディパーカッション，声等を使用してそれぞれの生物を表す音づくりを行う。絵本を1冊通して読み聞かせをする時に各見開きページに1分程度の時間を取り，担当する生物のページが来たら順番に演奏を行う形で発表をする。その際，読み聞かせは大人が担当し，『スイミー』のテーマ曲，マグロに襲われるシーンの曲，スイミーがひとりぼっちになったシーンの曲等を予め決め，物語の進行に合わせて演奏をする。

6)　嶼地希美他，「クラシック音楽を用いた絵本の上演：絵本の音楽会より『スイミー』」中部大学現代教育学部紀要 (10)，2018，pp.105－112.

　筆者が絵本の音楽での鑑賞用の作品として『スイミー』を上演した時には，三善晃作曲のピアノ組曲「海の日記帳」中の「わんぱくさざえ」の主題をスイミーのテーマ曲として選曲し，場面によりスイミーの心情に合わせて編曲した[6]。その他同じく「海の日記帳」から「水泡のおどり」をタイトルコールの後の前奏曲として，「シレーヌの機織り歌」はスイミーがひとりぼっちになった場面，

「波のアラベスク」はみんなで力を合わせて大きな魚と対決する
場面に選曲した。また、大きなマグロに襲われる場面ではピアソ
ラ作曲「鮫」を選曲し、チェロとピアノで演奏した。

　海の生物たちの登場場面は演者が即興演奏を担当し、クラゲは
サウンドホースとグロッケン、伊勢エビはトーンタング*4とウッ
ドブロック、見たこともない魚たちはトーンチャイム、昆布やワ
カメの林はツリーチャイム、うなぎはスライドホイッスル、イソ
ギンチャクはチャフチャス*5とカシシ*6を使用した。

　『スイミー』は0・1歳向け親子教室や幼稚園、高齢者向けの
絵本の音楽会で上演を重ねているが、どの年齢の観客からもよい
評価を得ている。音楽会後のアンケートでは、スイミーが海の生物に出会う場
面で様々な打楽器が演奏される部分が面白かったとの意見があった。

写真8－2　『スイミー』に
使用した打楽
器の一部

*4　トーンタング

　絵本の音楽会のために音楽づくりをする方法は様々である。同じ絵本を扱っ
ても、選ぶ曲や使用する楽器、演奏方法によって作品の印象は変化する。生演
奏では、同じ絵本、同じ音楽、同じ楽器、同じ演奏方法、同じ演奏者でも観客
が違っていたり、天気や気候が違っていたりすると出てくる音の響きが違い、
作品が違うものに感じられることもある。こうした音楽づくりに正解はなく、
楽しく活動できることが大切であるが、音を通して観客に伝えたいこと、そし
て伝わる音づくりをすることが重要である。そのためには、絵本を精読し文章
と絵が何を伝えているかを読み取り、絵本を通して伝えたいことを表現するの
に一番合っている音や音楽の表現を工夫することが大切である。

*5　チャフチャス

　＊　絵本や楽曲を使用して公共の場で演奏する場合、著作権法上で原作者から二
　　次利用の許可を得る等の手続きが必要な場合もあり、注意する。

*6　カシシ

● 演習課題

課題1：本文であげた事例を参考に、グループで音や音楽を付けて絵本を読んでみよう。
課題2：「るるるるる」（五味太郎作・絵）を用いて、グループで声の作品づくりをしてみよう。
課題3：「たいこ」（樋勝朋巳文・絵）を用いて、打楽器の音色の変化を楽しむ活動を考えよう。

コラム　歌と言葉のリズム

　音楽には言語のリズムの影響が様々な形で反映されています。「なんとなくイギリスっぽい音楽だな」,「これはフランスの音楽みたいだな」とリスナーが感じるのは, その音楽のもつリズムの特徴が理由の一つかもしれません。歌詞をともなう歌としてつくられたのではない器楽曲にも作曲家の母語のリズムの影響があることが研究から明らかになっています。パーテルとダニエルの研究では, 器楽演奏のために作曲されたクラシック音楽から, 6 人のイギリス人作曲家による137フレーズと10人のフランス人作曲家による181フレーズが抽出され, そのリズムが分析されました[*1]。分析には, 言語のリズムを測定するnPVIという指標が使用されましたが, 分析対象となったクラシック音楽のリズムが英語とフランス語のリズムと同じ特徴を表す結果となりました。

　歌詞のある音楽,つまり歌になると言葉のリズムの影響はハッキリと現れます。同じくnPVIを用いて行われた英語と日本語の歌詞によるポピュラー音楽のリズム分析の結果も言語のリズムと同じ特徴が見られました[*2]。また, 筆者が行った英語と日本語の幼児歌曲の分析では, 言語のリズムの違いが音楽の骨格ともいえる拍子にも現れていることがわかりました[*3]。英語の幼児歌曲には 3 / 4 拍子や 6 / 8 拍子等, 3 拍子のものや 1 拍を 3 分割したリズムが多いのに対し, 日本語の幼児歌曲のほとんどは 2 拍子・ 4 拍子でした。つまり日本語のリズムからは 3 拍子は生まれにくいのです。 3 拍子や 3 分割のリズムの代わりに, 日本の幼児歌曲には符点のリズム（♫, いわゆるタッカのリズム）が多用されていました。

　新生児はリズムに対して敏感です。生まれたばかりの乳児が母語のリズムを判別することができるという研究結果もあります[*4]。乳児の頃から母語のリズム感を習得し, 母親が歌い掛ける乳幼児歌曲にも言葉のリズムが反映されています。言葉のリズムは歌のリズムにも影響していて, どの言語を母語として育つかということは, その人の獲得する音楽のリズム感にも大きな影響を及ぼします。

＊ 1　Patel, A.D., Daniele, J. R., An empirical comparison of rhythm in language and music, *Cognition*, **87**（1）, 2003, pp.35-45.

＊ 2　Sadakata, M., et al.,An analysis of rhythm in Japanese and English popular music, *Proceedings of the Annual meeting of the Japanese Society for Music Perception and Cognition*, 2003, pp.49-53.

＊ 3　Azechi, N., Young Children's Rhythmic Behaviour in Singing：The Influence of Mother Tongue on Their Development, *Proceedings of the 10th international conference on music perception and cognition*, 2008.

＊ 4　Nazzi, T., Ramus, F., Perception and acquisition of linguistic rhythm by infants, *Speech Communication*, **41**（1）, 2003, pp.233-243.

第 9 章　行事と音楽

本章では，行事における子どもの音楽表現について理解する。行事は，子どもにとって「多様な体験」や「心を動かされる体験」の一つとなり，生活や遊びに潤いを与えるものとなる。こうした行事において，子どもが主体的に楽しく活動するための歌唱表現，器楽表現について理解を深める。

1　年中行事にみる音楽

　就学前施設（幼稚園・保育所・認定こども園をいう）においては，保育の中に様々な行事を取り入れている。伝統的な行事（端午の節句，七夕等），体育的な行事（運動会等），文化的な行事（発表会，展覧会等），宗教的な行事（クリスマス等），儀式（入園式等），毎月の誕生会等があげられよう。行事をどのように保育に位置付けていくかは，その就学前施設の保育者（幼稚園教諭・保育士・保育教諭をいう）の保育・幼児教育観によるものである。幼稚園教育要領において指導計画の作成上の留意事項の一つとして，「幼児が様々な人やものとの関わりを通して，多様な体験をし，心身の調和のとれた発達を促すようにしていくこと。その際，幼児の発達に即して主体的・対話的で深い学びが実現するようにするとともに，心を動かされる体験が次の活動を生み出すことを考慮し，一つ一つの体験が相互に結び付き，幼稚園生活が充実するようにすること」[*1]と記されている。「多様な体験」や「心を動かされる体験」の一つが行事なのである。このような行事を通して，豊かな日常生活を基盤とした上での多様な体験，心を動かされる出会いが，子どもの生活や遊びに潤いを与えるものとなるように保育者は留意しなければならないのである。ここでは年中行事と密接に関わりあう音楽に関する事例を上げ，子どもの日々の生活や遊びとの関連性について考えてみよう。

＊1　保育の実施に関して留意すべき事項として，地域の人材，行事，資源を活用し豊かな生活体験や保育内容の充実を図ることが記されている。
　文部科学省『幼稚園教育要領』〔第1章 第4 3〕，2017.
　厚生労働省『保育所保育指針』〔第2章 4（3）〕，2017.，内閣府等『幼保連携型認定こども園教育・保育要領』〔第1章 第2 2〕，2017.において同義の内容が記されている。

（1）伝統的な行事を通して

事例9-1　伝統的な行事を楽しむ　4，5歳児　1月～2月

　3学期始業式にて獅子舞とお囃子による音楽で新年の門出を祝うため，保育者たちは日々の保育の省察や環境構成に加えて太鼓や鉦，笛，獅子舞の稽古に励んでいた。始業式の当日，遊戯室には太鼓，笛，鉦のにぎにぎしい音楽が鳴り響き，子どもたちは身を乗り出して見入っている。獅子舞が始まると高揚感は遊戯室全体へと広がっていく。太鼓のリズムに身を委ね，上下に体を揺らすA児，両手を握って太鼓のバチを持つように左右交互に太ももを打つ動作をするB児，「ヒュヒュ…」と口笛のような音を発しているC児等，子どもたちは様々な反応を示している。この就学前施設では，園の活動の一つとして5歳児が和太鼓の演奏をしている。創立記念日や運動会で発表することもある。保育者による獅子舞の後，5歳児はタイヤを太鼓のように叩き，4歳児は遠巻きに覗き込む。3歳児は園庭で太鼓ごっこに興じている。

写真9-1　5歳児の和太鼓と踊り

写真9-2　太鼓を叩く真似をして遊ぶ3歳児

　　　　　事例9-1では，保育における伝統的な行事と音楽のあり方を検討したい。日本には四季折々の文化がある。子どもが元気に育つように，幸せな生涯を全うするように願う節目には，音楽や歌をともなう行事が行われる。永田は，「年中行事は民族を象徴する。年中行事を知ることは民族の歩みを知ることである」[1]と述べている。保育者は年中行事や関連する音楽の選定を行う際に，就学前施設の音楽文化の生成をも担っている責務を十分に自覚する必要があるだろう。保育者の獅子舞やお囃子の音色が5歳児の遊びへ，5歳児の和太鼓の演奏が3，4歳児の遊びへと伝播していくことにより園独自の文化が生成され，伝承されていくことになる。保育者の感性を問われるのである。幼稚園教育要領の領域「環境」の内容の取扱いでは，「文化や伝統に親しむ際には，正月や節句など我が国の伝統的な行事，国歌，唱歌，わらべうたや我が国の伝統的な遊びに親しんだり，異なる文化に触れる活動に親しんだりすることを通じ

1）　永田 久『年中行事を「科学」する 暦の中の文化と知恵』日本経済新聞社，1996，p.259.

て，社会とのつながりの意識や国際理解の意識の芽生えなどが養われるようにすること」[2]と記されている。今一度，保育の年中行事における音楽のあり方，唱歌やわらべうたの取扱いについても再考したいものである。

2)　文部科学省『幼稚園教育要領』（第2章 環境），2017.
　厚生労働省『保育所保育指針』（第2章 3），2017，内閣府等『幼保連携型認定こども園教育・保育要領』（第2章 第3），2017にも同文が記されている。

（2）文化的実践との出会い

年中行事の一つとして人形劇や影絵の鑑賞，学生やプロの演奏家を招いての音楽会の開催を企画する就学前施設は多いことだろう。保育の場における芸術や音楽文化との出会いをどのように整えていけばよいのだろうか。保育者に求められるものは，いったいどのようなことだろうか。

事例9−2　生の演奏にふれる　5歳児　7月

保育者養成課程に在籍する2年生2人が園に許可をいただいて通常保育中の昼食後の時間帯に幼稚園を訪れる。一人はクラリネットを携え，もう一人はピアノの楽譜を握りしめている。二人は学内のコンサートで演奏することもある音楽愛好家である。普段の子どもたちと音楽を分かち合いたいという二人の思いで保育に参加した。お弁当を食べている子ども，後片付けをしている子ども，絵本を見ている子どもがいる保育室の一角で二人は演奏を始めた。曲は「クラリネットこわしちゃった」「Over the rainbow」と続く。徐々に子どもたちが集まり，「もう一回，もう一回」と一曲の演奏が終わるごとに再開するよう学生2人を急かしていく。女児2人男児1人が近くにあったサウンドシェイプ[*2]を手に取り，リズムに合わせて叩き始める。いつまでも止まない「もう一回」の声にクラリネットを吹く学生の顔は次第に紅潮していく。

写真9−3　クラリネットと一緒に

写真9−4　子どもたちに演じて見せる

事例9−2での学生の演奏は，プロの演奏会というほどの気負ったものではない。それでも保育における心を動かされる出会いの一つとして，子どもが生の演奏を体感できるような機会に恵まれることは大切である。また音楽する大人に憧れを抱くような機会をもつことも大切であろう。青木は，幼児教育に携わる者に求められるセンスとして「表現者の世界や伝統文化に浸って楽しさを

＊2　サウンドシェイプ
円，半円，三角，四角等の形状をした薄型のリズム楽器で，スティックで叩くとはりのある音がする。

3）青木久子・浅井幸子『幼児教育知の探究3 幼年教育者への問い』萌文書林，2007，p.180.

味わうだけでなく，演劇に，伝承芸能に，生活の中の表現芸術に自ら参加して，豊かな表現者として子どもの傍らにいること」[3]と論じている。子どもの傍らにいる保育者，地域の人々，学生がみずみずしい感性を発揮して表現することの醍醐味を分かち合いたいものである。

2　行事における歌唱表現

年中行事には，保育のまとめとして行う学芸会や生活発表会といったものも含まれる。歌唱や合奏等の活動においては，発表の場で披露することを目標に，行き過ぎた技術指導を行っている就学前施設もあると問題視されている。これまで行事を中心とした保育は「行事保育」と称し，「行事のための保育として否定的に用いられることが多い」[4]とされてきた。近年では「行事保育」は，「行事を目的として，子どもたちや保育者が行事に追いかけられることのないよう，日頃の生活を豊かな体験として組み入れる」[5]と記されるようになった。つまり，子どもの行事への参加方法，特に行事の雰囲気を盛り上げ，参加者の士気を鼓舞する音楽については，その内容と指導に関する保育者の深い造詣が要求されるのである。次の事例では，行事における歌唱表現について考えていきたい。

4）岡田正章・千羽喜代子他編『現代保育用語辞典』フレーベル館，1997，p.119.

5）森上史朗・柏女霊峰編『保育用語辞典 第8版 子どもと保育を見つめるキーワード』ミネルヴァ書房，2015，p.97.

（1）発表に向けた音楽劇づくり

事例9－3　音楽劇『村まつり』創作の中で　5歳児　11月

　遊戯室で5歳児2クラス45人ほどの子どもたちと保育者2人（男性1人，女性1人）が『村まつり』という音楽劇の創作を2週間ほど続けている。村人が育てている野菜の世話をする場面では「畑仕事のうた」が歌われ，里に住む動物たちと一緒に収穫を祝う場面では「村まつりのうた」が歌い踊られる。子どもたちが実際に大根や人参等を育てている生活をもとに主なあらすじや歌を保育者が創作したものである。子どもたちは翌週の発表会に向けて，台詞，歌，動きを相談している。劇づくりを終えるとき保育者の一人は「それでは最後の相談，これから収穫に行こうと思うんだけど，本当の畑で収穫踊り」と言う。子どもたちは「おー！」と歓声を上げ両手を高く揚げたり拍手をしたりしている。畑に移動する最中子どもたち（男児2人，女児7人）は，「♪よっこらしょ，…」と劇中の「畑仕事のうた」の一部を歌いだす。やがて，畑で実際に子ども2人から順番に大根や人参を抜き始めると，畑にいる子どもたちは様子を見つつ，共に歌い動いている。その後，大きな大根を抜いた男児が「大きい！やったー！」と声を上げると劇中の「村まつりのうた」が子どもから聞こえてくる。保育者の「せーの！」「もう一回。それ！」という即興の掛け声や合いの手に続いて子どもの歌声が響く。

写真9－5　屋上の畑で野菜を収穫　　　写真9－6　収穫した野菜を囲んで踊りだす

　事例9－3では，5歳児が発表に向けて遊戯室で野菜の世話や収穫を祝うことを題材とした音楽劇を保育者と創作し，同時に実体験としても収穫の喜びを味わう場面がやってくる。保育者は観客を意識した舞台での音楽をつくる一方，時に現実に，時に空想へと子どもたちを誘導し，劇空間と現実空間を交錯させている。

　次に，事例9－3と同じ5歳児の約1週間後の様子である事例9－4を紹介する。

（2）音楽劇の再創造の過程

事例9－4　自然に生まれる歌の輪　5歳児　12月

　C児（6歳，男）が保育室のピアノの椅子に座り，鍵盤に向かっている。左側には女児2人が立ち，右側には男児2人女児1人がいる。ピアノの傍にいる子どもは，C児の様子をじっと眺めている。C児はこれまで約3週間保育者が弾いていた音楽劇中の「村まつりのうた」の前奏を何も見ずにピアノで弾き始めた。女児は驚いたように目を見開いてC児を指さしながら「弾けるんだって。えー」と声を発している。ピアノの周囲には，さらに男児4人女児2人が

写真9－7　C児が弾くピアノの音に驚き，　　写真9－8　保育室中へ伝播していく歌と
　　　　　集まる子どもたち　　　　　　　　　　　　　　踊り

駆け寄り，取り囲む形になっている。C児は「村まつりのうた」を弾き始める。前奏から歌の部分に入ると，保育室にいた13人ほどの子どもたちが保育室を反時計回りに動きながら歌い踊り始める。歌の合間に別の子どもから「それ！」と掛け声が掛かる。C児が「村まつりのうた」を弾き終えると振り向き，右側にいる女児と顔を見合わせて笑う。女児が「もう一回弾いて」と言う。近くの女児4人が「アンコール，アンコール」と声を揃えて唱える。C児は2回，3回，4回と前奏から弾き続ける。保育室内の子ども15人ほどが歌い，大きく弾みながら保育室前のテラスへと移動していく。子どもの怪我の手当てをしていた保育者は，テラスへと続く保育室の後方で，手拍子をしながら微笑んでいる。

6) 文部科学省『幼稚園教育要領』（第2章 表現），2017.

厚生労働省『保育所保育指針』〔第2章 3 (2)〕，2017, 内閣府『幼保連携型認定こども園教育・保育要領』（第2章 第3），2017 にも同義の内容が記されている。

7) 繁下和雄・坪能由紀子・村尾忠廣・佐藤敏直「300号記念特集 音楽教育を考える座談会 音楽教育の現状〜未来の展望」あんさんぶる，1991, p.4.

8) 繁下和雄・坪能由紀子・村尾忠廣「課題研究A授業に＜広場の音楽＞をとりもどそう」音楽教育学，第27-4号，1998, p.15.

事例の核心は，C児のピアノ伴奏をきっかけとして，いわば自然発生的に歌が子どもたちに伝播し，子どもによる再創造がなされたことと考えられる。

ここで，幼稚園教育要領の領域「表現」の内容の取扱いに記されている「生活経験や発達に応じ，自ら様々な表現を楽しみ，表現する意欲を十分に発揮させることができるように，遊具や用具等を整えたり，様々な素材や表現の仕方に親しんだり，他の幼児の表現に触れられるように配慮したりし，表現する過程を大切にして自己表現を楽しめるように工夫すること」6)の意味を事例を通して考えたい。先の事例9-3では，日々の生活と絡めながらも発表の機会を一つの目的として音楽劇の創作が展開されてきた。子どもたちはステージで歌い踊り演じて保護者等の観客に見てもらうことによって，満足感や達成感，仲間との協同を実感するであろう。こうした行事による歌唱表現の過程は，ステージを想定し，ステージに向けてつくられてきた表現であり，最終的にステージで演じられた「ステージの音楽」といえるだろう。しかし，事例9-4では，発表後1週間が経過しており，ステージとは違う保育室あるいは保育室前のテラスという空間において，「村まつりのうた」が自然発生し，繰り返し歌い踊られている。繁下は，「ステージの音楽に対して，一つは広場の音楽というか，自分たちの仲間集団だけの中でおもしろさがあって，それが拡大していく姿があるだろう」7)と述べている。さらに「広場の音楽」という概念について「広場，つまり集いの場で作られる，あるいは集いを作り上げる音楽と考える。スターを作り，スターの演奏を鑑賞するというものと対立するものだ」8)と示唆している。こうした視点から事例9-3，及び事例9-4を見てみると，歌や踊りはステージで演じられたものとほぼ同じでありながら，場の性格は全く変質している。ステージと広場，それは音楽の享受のあり方としては対立的なものである。しかし保育の現場においては，ステージから広場へと場面の転換が行われることによって，つまり音楽の享受のあり方が変化することによって，表現する喜び，存分に浸る心地よさは高まるのだろう。

3 行事における器楽表現

（１）器楽表現の指導の難しさ

　日本にフレーベルの教育方法を伝えた松野クララが，日本初の幼稚園である東京女子師範学校附属幼稚園でピアノを用いた遊戯唱歌を行ったことから理解できるように，日本では明治初期からピアノが取り入れられてきた。しかし，楽器を子どもが使用した表現活動については，楽器に希少性があり，かつ価格が高かったため，器楽表現が導入されるのは明治後期になってからであった。

　このような歴史的な経緯もあり，日本では歌唱活動が日常的に行われるものの，器楽活動については行事と関連付けて実践される傾向が強く残り，歌唱表現が恒常的に実践されるのに対して，保育において器楽表現が展開されることはまだまだ少ない。細田においても，就学前施設の行事の多さが日常的な器楽表現の少なさの要因となっていることが示された[9]。さらに，初任期では器楽表現に対する効力感の高さが，日常における器楽表現の経験の度合いと比例すること，現職の保育者では器楽表現の指導法に関する講習経験が日常における器楽表現の経験の度合いに対して効果があることが示されている[10]。つまり，行事の多い就学前施設において保育者が，日常的に保育実践において器楽表現を展開するためには，養成期間はもちろん，現職になってからも器楽表現に関する指導法について学びを深めていくことが必要であることが示されたのである。

　また，出口も器楽合奏を行う際に，「子どもの表現意欲や自由な発想を損なうこと」がないように指導するためには，環境構成や子どもへの理解等，保育者の力量が問われる難しい活動であることを示唆している[11]。

9）細田淳子「保育における器楽教育の導入」東京家政大学研究紀要．1，人文・社会科学 36，1996，pp.113-119

10）細田淳子・香曽我部琢・上田敏丈「保育実践における器楽表現活動の現状と課題」宮城教育大学情報処理センター研究紀要：COMMUE，26，2019，pp.73-82．

11）出口雅生「保育者養成課程における音楽科の教授に関する一考察」浦和論叢（50），2014，pp.43-61．

写真９−９　合奏を楽しむ

写真９−10　先生とコラボレーション

この項では，「行事における器楽表現」をテーマにしているが，まず幼児教育において行事がどのようにとらえられているかを考察する。幼稚園教育要領では，「行事の指導」の項目で，「生活の自然の流れの中で生活に変化や潤いを与え」，「主体的に楽しく活動できるようにする」，「適切なものを精選し，幼児の負担にならない」ことを示している[12]。現在の保育実践における器楽表現が，行事のための活動として位置付けられ，むしろ日常の器楽表現が行事のために実施されている現状や，子どもの意欲を大切にした器楽表現の実現の困難さを考えると，器楽表現に関しては保育者が非常に難しい状況の中で実践を展開していることが理解できる。

（2）器楽表現のパラダイム転換

このような「行事のための器楽表現」ではなく，日常での子どもの主体的な器楽表現の経験が行事へとつながるようにするためにはどのような工夫が必要なのだろうか。細田は，音を用いてイメージを表現する"イメージ奏法"の有効性を示している[13]。イメージ奏法とは，楽器の音を何かに見立てて表現を楽しむ活動全般を指す。例えば，散歩で紅く色づいた葉を拾ってきたら，その葉を高いところから落とし，葉が揺れながら落ちてくるのに合わせて楽器の音を付けてみたり，さらに絵本を参考に葉が風に吹かれていろいろなところに旅に行く物語を即興でつくり，イメージを共有した後に，その葉が旅する様子に合わせて楽器を使って表現する活動を"イメージ奏"として示している。

12) 文部科学省『幼稚園教育要領』（第1章第4 3），2017.

内閣府等『幼保連携型認定こども園教育・保育要領』〔第1章第2 2（3）〕，2017にも同文が記されている。

13) 細田淳子「領域『表現』の音楽的活動をどのように展開させるか：オルフ・シュールベルクの理念を参考にして」全国大学音楽教育学会研究紀要（25），2014，pp.31–40.

写真9－11　音を楽しむための葉を拾う

写真9－12　木琴の音でイメージを表現

　このように拍やリズムにとらわれず，楽器の音を他の事象のイメージとつなげて表現することによって，楽器を演奏する技能は求められずに済む。これまで，器楽表現に関して多様な実践が試みられてきたが，そのほとんどが器楽表現の際に使う教材の内容を幼児向けに変更し，求める技能を下げたり，多少難しい技能が必要でもその技能を教授する方法を工夫したりすることで，子どもたちの負担を減らし，習得しやすい方法の開発を目指していた。つまり，基本的には難しい器楽演奏を，簡易にどのように子どもたちに教えることができるか，という発想で研究・実践が進められてきたのである。しかし，細田が示したイメージ奏法の特長は，器楽演奏の前提となっていた拍やリズムを取り除くことで，そもそも器楽演奏を指導する際の負担となっていた指導することの困難さを取り除いた点にある[13]。

ワーク9-1　イメージ奏の実際

【音からイメージへ】

　いろいろな楽器を鳴らしてみよう。その楽器からどんな動物がイメージできるだろうか。ギロはカエルの鳴き声，太鼓はタヌキ，もっと低い太鼓の音はゾウさんの足音などなど，子どもたちは楽器の音に耳を傾けて，いろいろな動物を想像する。

【視覚的なイメージから音へ，そして造形表現へ】

　絵に音を付けてみよう。子どもたちが好きな絵本の一場面に保育者が音を付けてみせる。さらに，子どもたちに絵本の好きな場面に音を付けてもらい，保育者が読み聞かせをしてみる。遊びの中で描いた絵に音を付けてみるのも面白い。さらに，音に合わせて絵を描く，粘土を転がしたり，ちぎったりして造形を楽しむこともできる。

【動きと音】

　音と動物のイメージをつなげたら，その動物の動きを模倣する。ギロで奏でたカエルの鳴き声に合わせて，カエルのように飛び跳ねてみよう。葉っぱの陰に隠れて泣いているカエル，池の中にぷかーっと浮いているカエル，草むらに寝転がっているカエル，いろいろなカエルの動きを想像し，模倣し合う。さらに，楽器を鳴らす子どもと，動きで表現する子どものグループに分けて，いろいろな楽器を鳴らして，いろいろな動物が出てくる即興劇をつくってみよう。

【言葉と器楽演奏】

　いろいろな言葉を声にしてみよう。オノマトペでも，自分の知っている言葉を声に出してみる。その言葉を楽器に変換してみる。例えば，「今日のお弁当たのしみだな～」を一度声に出して言ってみる。その後に，楽器で同じ言葉を表現してみよう。

【楽器で会話を楽しもう】

　楽器で会話をしてみよう。好きな楽器を手に取って，「こんにちは」とあいさつしてみる。それを互いに模倣してみよう。今度は，二人組になって会話をしてみる。例えば，「今日は何

して遊んだの？」，「ケーキ屋さん楽しかったよ」と会話をしたら，今後は楽器を使って同じ会話をしてみる。最後は，器楽演奏だけで自分の思いを伝えてみよう。

（3）みんなで合わせる楽しさ

器楽表現の楽しさの中に，みんなと一緒に音を合わせる経験がある。ただ，イメージ奏では，一緒に音をそろえる経験はなかなか積みにくい。そこで，音を合わせる楽しさを味わうために，同じリズムと旋律を繰り返し演奏するオスティナート奏を勧める。オスティナート奏とは，同じリズムや旋律を繰り返し演奏することで，特に旋律では，テトラコルド[*3]をつなぎ合わせた民謡音階や都節音階，琉球音階等を用いると，旋律を重ねても響きに違和感がなく，より響きの質の高い演奏となり，音を合わせる楽しさを感じることができる。

例えば，シェイカーやハンドドラム，カスタネット等でリズムのオスティナート奏をつくり，木琴や鉄琴等で旋律のオスティナート奏をつくり，ロンドやカノン等の音楽的な様式美に触れることも可能である。

*3　テトラコルド
完全4度の音程を2つの音によって区切る音列である。小泉文夫は，日本の音楽には，民謡のテトラコルド，都節のテトラコルド，琉球のテトラコルド，律のテトラコルドの4種が存在することを示した。民謡音階・都節音階・琉球音階はこのテトラコルドによって構成された音階である。植村幸生「早わかり小泉理論」2017.

写真 9-13　カスタネットと一緒にアンサンブル

写真 9-14　みんなの音が合ったときの楽しさ

🔘 演習課題

課題1：あなたが子どもの頃に体験した行事における音楽活動について振り返り，当時の思いを書き留めてみよう。

課題2：あなたが保育者であると想定し，就学前施設でどのような行事や音楽表現活動ができるか話し合ってみよう。

課題3：課題2で話し合った内容をもとに，保育指導案を作成してみよう。

コラム　　子どもがつくるシアター

　園で保育者によるエプロンシアターやパネルシアター等，シアターによって子どもが楽しむ時間がある。保育者によるシアターは子どもの顔を見ながら進めるため，ただ見せるだけでなく，子どもと目と目を合わせてコミュニケーションを取りながら進められるのもよい点といえる。

　他にも人形劇や観劇等，外部の方によるシアター上演や，遠足の一つとして劇を観に行く機会もあるだろう。ここでは保育者らが見せるシアターではなく，子ども自身がつくるシアターについて紹介する。例えば，遠足で人形劇を観に行ったら，それを子どもたちが自分の園でも実践してみたいと思えるような環境を整えることも保育者の役割として必要である。

写真9−15　子どもたちが実際につくったパペット

　ある園の遠足で観劇後，こども会の出し物として，子どもたちは操り人形をつくって人形劇を披露したくなり，子どもたち自身がパペットを制作した。この取り組みは，子どもたちが観てきたものをつくりたいという自発的な気持ちを大切にしたものであり，子どもに寄り添った保育といえる。また子どもにとって，制作の段階でいろいろな素材に触れ，それを用いて「つくる」という作業は，幼稚園教育要領における領域「表現」の内容の「いろいろな素材に親しみ，工夫して遊ぶ」ことや，「かいたり，つくったりすることを楽しみ」につながる。さらに，自分のつくったものを人前で発表するということは，「〜演じたり遊んだりするなどの楽しさを味わう」ことにもつながる表現活動であるといえる*。自分でつくったものだからこそ，愛着をもって演じることができるだろう。そしてその体験はいつまでも子どもたちの心に残るものになるだろう。

*　文部科学省『幼稚園教育要領』（第2章 表現），2017.
　　厚生労働省『保育所保育指針』（第2章 3），2017，内閣府等『幼保連携型認定こども園教育・保育要領』（第2章 第3）2017にも同文が掲載されている。

第10章 影絵と音楽

影絵は伝承遊びの一つである。最も手軽なものは，自分の手で様々な形を生み出すことができ，想像的で創造的な遊びである。諸外国にも様々な影絵文化があり，音楽が密接に関連した影絵もある。本章では，こうした影絵から音楽的アイディアを得て，それをもとに音楽をつくる過程を実践的に理解する。

1 影絵の世界

本節では，まず，影絵の成り立ちや種類について概観する。そして，それらの特徴や違いから，どのような音楽表現の活動が展開できるかを次節以降，考えていきたい。

（1）影絵と音楽との関係

影絵遊びは，今や子どもの遊びとして誰もが知るところだろう。光や影を操作し，輪郭や形のゆらめきの微妙な変化を楽しむ経験は，音や音色をつくる時のインスピレーションにつながったり，イメージを膨らましたりする時の鍵となり得ることから，音楽表現との関係も深いと考えられる。実際，諸外国の伝統的な影絵芝居を見てみると，作品の印象をつくり出すうえで，音楽が重要な役割を担っている。そこで，まずは，伝統的な影絵芝居の音楽的な特徴をみておくことで，影絵遊びの音楽的な展開を考えるヒントを得たい。

影絵芝居は，アジア，中東，北アフリカ，ヨーロッパと様々な地域に存在するが，いつ，どこで始まったのかはわかっていない。「原初的な影絵芝居という形態がすくなくとも1000年前以上にわたって地球上の多くの人を魅了してきた」[1]という指摘や，旧石器時代の洞窟壁画にその始まりを見る説があるようである[2]。本項では，音楽的な資料が比較的充実していて，学校教育での教材

1) 大森康宏編『進化する映像—影絵からマルチメディアへの民族学』財団法人千里文化財団，2000，p.26.

2) 花輪充・後藤圭「近代における児童演劇の使命と効用—影絵劇の伝統・革新の融合に視点をあてて—」東京家政大学人間文化研究所紀要，第8巻，2014，pp.39-51.

＊1　ガムラン
　青銅製打楽器を中心
とした様々な楽器群，
及びそれらを使い，合
奏形態で演奏されるイ
ンドネシアの伝統音楽。

＊2　ワヤン・クリ
　インドネシア語でワ
ヤンは影，クリは皮革
を意味する。

3)　皆川厚一編『イン
ドネシア芸能への招待
―音楽・舞踊・演劇の
世界』東京堂出版, 2010,
p.125.

化の例もあることから，インドネシアのガムラン[1]を使った影絵芝居「ワヤン・クリ」[2]を取り上げる。「ワヤン・クリ」の概観とそこでのガムランの使い方について確認し，影絵を使った音表現や音楽表現の活動にいかなる可能性が見いだせるのか，次節以降での考察につなげたい。

（2）インドネシアの「ワヤン・クリ」

　一口に「ワヤン」といっても，様々な種類があり，地域によって趣が異なる。ワヤン人形の姿や物語も，音楽や語りの言語もかなり様子が異なる[3]。本稿では，ジャワの「ワヤン・クリ」について，概要を以下にまとめる（表10-1）。

表10-1　ワヤン・クリの概要

名　称	ワヤン・クリ
人形や素材・演じ方	・動物の皮（ジャワの場合は水牛の皮）でつくられる。 ・鮮やかに彩色される。 ・胴体を支える棒のほかに，両手を動かすために操り棒がとりつけられる。
成立や特徴	・11世紀前半には演じられていたようで，現在の形式の成立は15世紀から16世紀といわれる。 ・ガムラン音楽と共に上演される ・伴奏音楽を担当する「ダラン」と呼ばれる1人の演者がすべてとりしきる。 ・一度に何体もの人形を操りながら，ナレーションや台詞を語り，歌を歌い，効果音をならし，後方の楽師に合図を送る。

出典）側注1），及び2）の文献を基に作成.

　「ワヤン・クリ」でも用いられるジャワのガムラン音楽がどのようなものなのかを次に述べる。ガムランの合奏形態については，歴史的な変遷にともない，4つの王家それぞれが独自のスタイルを確立していったことで，同じ中部ジャワのガムランでも，楽器の種類や曲のレパートリー，音楽の性格，演奏法に若干の違いをもつようになったといわれる[4]。今日，ガムラン音楽をはじめとするジャワの様々な伝統音楽を牽引するのは，スラカルタとジョグジャカルタの大きく2つの都市である。ここでは，スラカルタのガムランを例に，概要をまとめる。

4)　前掲書3), pp.55-
80.

　ジャワのガムラン音楽には，青銅製打楽器を中心とした多様な楽器が使われている。次に，その役割ごと3つのグループに分けて説明する（表10-2）。

表10−2　ガムランの構成楽器と役割

グループ	楽器名：役割	特　徴
構造を示す	・ゴング：最初と最後及び重要な節目で打たれる。 ・クンプル／クノン／クト／クンピャン：ゴングの拍と拍の間で定期的に打たれる（ゴングが句読点の「。」ならクンプルが「，」という関係）。 ・クンピャン：構造を示す他，速度を決める指揮者のような役割も担う。	・龍の飾りのついた棹に吊るす直径１メートル以上ある巨大な楽器。 ・ゴーンという，日本の梵鐘にも似た深い響き。 ・これらの楽器が交互に打ち鳴らされることで，たくさんの鳴り響く音の枠組みが明確になる。
基本旋律を奏でる	・スルントゥム／サロン群： 楽譜に記された基本となる旋律に基づいて演奏される。メロディというよりも，ジャズのコード進行のような意味合いをもつ。	・スルントゥム：青銅の鍵盤が吊り橋のように吊るされ，その下に共鳴筒が並ぶ。布を巻いたバチで叩くと柔らかく余韻の長い音が響く。 ・サロン群：青銅の鍵盤が空洞のある木の台の上に並べられ，木槌や水牛の角によるバチで叩かれる。力強い響きがするため，舞踊や影絵芝居で効果的に用いられる。
装飾する	・ボナン群／ルバブ／グンデル／ガンバン／スリン／シトゥル／クンダン／女性による歌シンデン／男声による歌ゲロン等： 基本旋律に装飾を加える。ボナンは，他の楽器に先行して演奏し，前奏を担当することも多いリーダー的な楽器の１つ。 ・構造を示すクンダンは，装飾楽器としても用いられる。様々な音やリズムによって曲を沸き立たせ，踊りや影絵芝居になくてはならない存在である。	・細かな装飾を加えていく楽器はガンバン（木琴），スリン（竹笛），シトゥル（金属弦の琴）などがある。 ・ボナンは，コブのついた青銅の壺が木枠の上に12〜14個並べられたもので，糸の巻かれた２本のバチで叩く。 ・声も，いわゆるメロディではなく，あくまで装飾として，楽器と対等な役割を果たす。

出典）皆川厚一編『インドネシア芸能への招待―音楽・舞踊・演劇の世界―』東京堂出版，pp.55-80. を参照し，作成.

（3）ジャワのガムラン音楽の特徴

　表10−2で示したように，特徴的な楽器で演奏されるガムラン音楽は，音階，構造，リズム等も特徴的である。ジャワのガムランの音階は，大きく２つに分けられる。日本のヨナ抜き音階に似ているスレンドロ音階と，沖縄音階に似ているペロッグ音階の２つである[*3]。これらはそれぞれ３つの調を含み，どの調で演奏するかは，演奏される時間帯によって選択される。夜通し上演される影絵芝居の場合には，開始の夜９時頃には低い音を中心とした調でゆったりと演奏され，時間が経つにつれて，芝居の内容も変化し，徐々に調も高い音で構成されるものでダイナミックに演奏される。

　また，ガムラン音楽の特徴といえば，なんといっても拍の特殊さである。西

＊3　スレンドロ音階は，半音を含まない音階で，日本の民謡や唱歌の音階に似ている。

　ペロッグ音階は，半音を含み，沖縄の音階によく似ている。２つの音階とも５音で構成されるのが基本だが，４音や７音といった例外もある。

洋の音楽では，例えば4拍子であれば，1拍目が最も強い強拍，2拍目と4拍目は弱拍になる。ところが，ガムラン音楽では，4拍子だと4拍目が最も強く，1拍目と3拍目が最も弱拍になる。この後の方に集約されていく感覚や最後の音の前の間を感じることが，ガムラン音楽に親しむ糸口となるかもしれない。

　この強拍と弱拍の関係に加えて，「イロモ」と言われる拍の概念についても言及しておきたい。これは，基本となる旋律を，段階的，規則的にゆっくり演奏していくものである。徐々に基本旋律は，いわば間延びしたものになっていくわけだが，音と音の間が延びた分，生まれた隙間に，装飾楽器が入るのである。間が開けば開くほど，装飾は素早く，数も多くなり，複雑な響きをつくり上げていくのである。このような青銅の音響や拍の特徴を取り出してみることは，ガムランの音楽に親しむのはもちろん，西洋芸術音楽の枠組みにとらわれない表現を支えることにつながるだろう。ガムランを入手し，そろえるのは簡単なことではないだろうから，例えば，同じ青銅製のすり鉦(がね)や，銅鑼(どら)を使い，青銅の響きに親しんだり，あるいは，音色の趣は変わるが，鉄琴やトーンチャイム等を使い，基本の音階を奏でたりしてもよいかもしれない。こうした身近な楽器を使った経験が，本物のガムラン音楽に接したときに新鮮さを与え，むしろ特徴を理解する助けになることだろう。

　本項では，まず，インドネシアのジャワに着目してガムラン音楽について述べてきたが，前述のように，影絵芝居は様々な地域で上演されている。カンボジアの影絵は，炎を光源とすることで，スクリーンと炎の揺らめきから独特のニュアンスを生み出す[5]。また，別の地域のように人工の光源を用いる場合にも，「光線がスクリーンから隔離すればするほど影は鮮明になる。太陽や月の光線は，強力で更に光束が拡散しない」ことから「鋭敏な影ができる」[6]。影絵のニュアンスが異なれば，使おうとする音や音楽も違ってくるだろう。

❷ 影絵と音楽

　ここでは，影絵から得られる音楽的アイディアについて考えてみたい。

（1）「みたて」ること

　何かを見て他の何かに「みたて」るという言葉があるが，影絵は手等でつくられた影を想像したりして何かに「みたて」るものである。美術教育ではこの「みたて」ることによって子どもの創造的な発想を広げようとしてきた[7]。では，影絵の「みたて」をどう音楽に生かしていくのか。音楽では20世紀頃にな

5)　前掲書1），p.26.

6)　宗宮圀子「Human Shadowについての一考察—幼児教育に於ける影絵の方式—」日本保育学会研究論文集，第49巻，1996，p.202.

7)　上野行一『美術教育における「みたて」の造形表現の教育的価値』伸光堂，1997.，岡田博監修『「みたて」の造形』三晃書房，1997.

ると図形や図案化された図形楽譜といわれる記譜が現れる。影絵を音楽に生かす1つの方法として，影絵を図形楽譜として用いてみよう。図形楽譜は，現代音楽における不確定性や偶然性の音楽を実現するため，また，電子音楽の楽譜のために現れたものといわれる。そして，影絵と音楽の関わりをより見出しやすいのは前者の図形楽譜である。つまり，影絵の図形や形等が音楽をつくる側（演奏する側）に音のイメージを視覚的に与える。しかし，五線譜とは異なり，絶対的な音のイメージを示すものでなく，許可された範囲の中で，音楽をつくる側（演奏する側）が自ら音を見い出したり様々なとらえ方をすることができるものである。図形楽譜には，それぞれの作品によって音楽をつくる側に委ねられる範囲が異なっている。五線譜に似た制約をもった図形楽譜もあれば，最小限の指示だけでその他は音楽をつくる側（演奏する側）に委ねられているものもある。

（2）1つの素材を変化させる

　影絵は，「手」等，影をつくりだすものを表現素材とするならば，1つの表現素材の形を変えたり，数を変えたり，組み合わせたりしながら影をつくっていく。つまり，1つの素材だけでもたくさんの面白い表現ができるということである。そして，その素材の種類を変えるとまた新しい表現が生まれる。

　音楽でもたった1つの素材をもとに，その形を変化させたり，組み合わせを工夫したりすることで変化に富む音楽をつくることができる。例えば，影絵と同じ「手」を素材として音楽をつくった作品にスティーブ ライヒの「クラッピング・ミュージック」がある。彼の使った音素材は手拍子の音だけだが，手拍子で1つのリズムパターンをつくりだし，それを“ずらして”演奏することで音楽を変化させ新しい響きをつくりだしている。

（3）白　と　黒

　影絵は白と黒の世界である。音楽にも白と黒を見つけることができる。誰もが1度は目にしたり弾いたりしたことのある鍵盤ハーモニカやピアノ等の白鍵と黒鍵である。白鍵と黒鍵の組み合わせによって，様々な「調」ができるが，ここでは調性の音楽ではなく，白と黒（＝白鍵と黒鍵）の両方を使う無調の音楽に焦点をあてる。

　1オクターブすべての白鍵と黒鍵（12個の音）を使うと何調なのかわからない無調の響きが生まれる。無調の響きに着目して音楽をつくった作曲家たちとしては，12音技法を提唱したシェーンベルク，ブーレーズやベリオ，ストラヴィンスキー，バルトーク等が代表的である。無調の音楽は，20世紀に代表され

る現代音楽ととらえられやすいが，バッハの作品の中にも半音音階的な響きを使ったものがある等，昔から音楽家たちが使ってきた響きである。

（4）逆説性の面白さ

安倍は，子どもたちは影の何に惹かれるのかについて，「影のもつ逆説性であり，逆説性とは，『そこにあるのに，そこにない』といった性質であること」[8]と述べている。また，西村は遊びにおいて「宙吊り」という言葉を使い，「子どもたちが不安定な状態を楽しむこと」[9]について言及している。つまり，この逆説性は，「あるのにない」という不安定な状況であり，子どもたちが影を楽しむ1つとして逆説性をあげる背景にはこの不安定な「宙吊り」状態を楽しんでいるともいえる。音楽においても同じように不安定な状態を楽しむことがある。例えば，ゲネラルパウゼ[*4]である。ゲネラルパウゼは，曲は流れているのにその途中で突然音がやんで止まってしまう。また，音があるからこそ音楽のはずなのに，音楽なのに音がない作品もある。1952（昭和27）年にジョン ケージが作曲した"4分33秒"を知っている人はいるだろうか。3楽章からなるこの曲はすべての楽章に「tacet」＝「休み」と書かれている。この曲は著名なソリストからオーケストラに至るまでたくさんの演奏家たちが演奏を試みている。なぜ，こんなにも人を惹きつけるのだろうか。それは，音楽は音があってあたり前である常識に，「音楽でありながら楽音がない」という逆のことが行われたからであろう。さらに，それを音楽として受け入れるかという人々の葛藤が生まれ，音楽の概念そのものへの問題提起となった。

③　影絵音楽をつくる

影絵の音楽を自分たちでつくってみよう。音楽をつくるためにはルールが必要である。では，そのルールをどうつくるのか。ここでは，2節であげた影絵から得た音楽的アイディアをヒントにしながら音楽活動と音楽のつくり方を考えていきたい。

（1）影絵を図形楽譜として音楽をつくろう

影絵そのものを図形楽譜として「みたて」て音楽をつくる。色々な影の形を音にみたてていこう。ここでのルールは，それぞれの影絵をどのような音と結び付けるのかである。まずは，五線譜に表される顕著な音のイメージと似た音楽ルールの例を下記にあげてみる。

①　スクリーンに映る影の高さ→音の高さ

8）安倍貴洋「子どもにとって影とは何か—影の科学から影の物語へ—」八戸学院短期大学研究紀要，第28巻 pp.11-17.

9）西村清和『遊びの現象学』，勁草書房，1989.，pp.48-72.

＊4　ゲネラルパウゼ〔Generalpause（独）〕
管弦楽曲等ですべての楽器が休止すること。曲の流れをすべて止めることで効果を生む技法。

②　影の長さ→音の長さ

③　影の大きさ→音の強弱

　しかし，①～③のような五線譜に近いものでなく全く五線譜と異なったルールで音楽をつくってもよい。例えば，影の高さが高くなっても音が高くなる必要もなければ，五線譜は左から右に音楽を進めていくが，そうでない音楽の進め方でもよい。

（２）１つの素材から音楽をつくろう

ワーク10－1　１つの素材（手拍子）を使って音楽をつくってみよう

＊「○」手拍子「●」休み

【A】○○○●●○○○●

Aは，このリズムを繰り返す。BはAのリズムを１つずつずらしていく。

【B】○○●○○○●○⇒○●○○○●○○⇒●○○○●○○○…

　Bのリズムは，Aのリズムから手拍子１つ分がずれている。ずらしながら重ねてみると，もともとは同じリズムなのに，色々な響きの違いが聴こえる。そして，Bがどんどんずらしていくと，またAと同じリズムに戻ってくる。１つの素材でも，ずらすだけでも，面白い響きの音楽はつくることができる[*5]。

＊5　スティーブ ライヒの「クラッピング・ミュージック」等は，１つの音素材を使ったり，ずれを使ったりして，より複雑な響きをつくりだしている

ワーク10－2　「手」の音素材だけを使って音楽をつくってみよう

　下記の４つの影だったらどのような「音」をつくるか考えてみよう。その音を使って音楽をつくってみよう。

パーの片手

グーの片手

大小複数の手

握手

　音素材を限定すると，音としての聴こえやすさは高まる。しかし，音響的にさみしくもなるため，音楽をつくる際の音素材の広げ方としては，「同じ音素材」→「同質の音素材（木の楽器，鉄の楽器，長い音，短い音等）」→「異音素材の混合」の順で組み合わせ方を工夫する。音楽をつくる過程を徐々に複雑にしていくことで聴き取りやすくなる。

（3）白と黒の音楽（＝白鍵と黒鍵を使った音楽）をつくろう

鍵盤の白鍵と黒鍵のすべての音を使う。音楽をつくるルールは白鍵と黒鍵を交互に使うことだけである。

① 白鍵と黒鍵を交互にメロディーをつくってみよう。

② メロディーを支える繰り返しパート（オスティナート）を入れてみよう。繰り返しパートの音楽のつくり方も白鍵と黒鍵を交互に使う。

　　　　白鍵と黒鍵のすべてを使う半音音階の最大のメリットはすべての音を使って音楽をつくると特定の調性がなくなり，音楽に間違いがなくなる点である。鍵盤楽器や音高のある楽器で音楽をつくることは，音の進行や和音進行等によって聴いてしっくりこなかったり間違って聴こえるような響きになったりする場合も多い。しかし半音音階を使うと，音楽が苦手でも，音楽をつくることに慣れない子どもたちでも間違いを気にせず自由に自分で音楽をつくることができる。

（4）逆説性で広がる音楽

1）大きいは小さい・小さいは大きい

　　影絵では1つの対象物を大きくしたり小さくしたりすることが簡単に可能である。その方法は対象物とスクリーンの距離によるものである。影絵では，対象物がスクリーンから離れると影はどんどん大きく映し出される。それに対して音楽は，音や音楽が近づくと大きく聴こえてくる。つまり，影絵から音楽をつくろうと思った場合，同一の対象を大きくしたり小さくしたりしながらも，影絵と音楽では逆の効果となる。それを音楽に生かすと影は大きいのに音は小さいといった不思議なルールができる。

2）音のない音楽をつくろう

　　ともすると，音楽をつくる活動では，音を出すこと（子どもに音を出してもらうこと）に一生懸命になってしまいがちである。しかし，逆に音のない部分も音楽であることに注目できれば，音楽はもっと面白くなっていく。音を出さないことを心配するのではなく，音を出さないことで生まれる音楽の緊張感を楽しむことが大切である。ジョン　ケージの「4分33秒」が有名になる以前から音のない部分を音楽作品に生かしてきた作曲家たちがたくさんいる。さらに，「いないいないばあ」のように，「いないいない」の後，音もなくなり顔も隠し

てしまうような遊びを知らないうちに私たちは楽しんでいるのである。

　しかし，音のない音楽は本当につくれるのだろうか？　音を出さないでいる間に何が聴こえるのかよく耳を澄ましてみよう。

（5）日本の「カゲ」違いの音楽

　日本の歌舞伎には「陰囃子」と呼ばれる舞台の端で黒御簾の中で演奏される音楽がある。演奏者は黒御簾の中で演奏をするので「黒御簾の音楽」，また舞台下手側で演奏されることから「下座音楽」と呼ばれることもあり，聴衆が演奏者の顔を見ることはできない。

　本章での「影」とは異なる「陰」ではあるが，「陰囃子」の音楽には，対象を「みたてる」効果音がたくさんある。例えば，幽霊が登場する際には「大ドロ」や「小ドロ」といった有名な「ドロ・ドロ・ドロ」という効果音が用いられたり，その他にも風や雪，蝶の舞う音等といったものを決まった太鼓のパターンの音等で表したりしている。こうした効果音によって聴衆は，幽霊や風景，情景等，舞台では目で見ることができないものを，そこにあたかも存在しているかのように想像するのであり，こうした日本の音楽も「影」の魅力の1つと同じ，逆説性をもつ音楽として面白い。

● 演習課題

課題1：世界の影絵について調べ，映像資料等を視聴してみよう。

課題2：多様な音の表現を引き出すような影絵の仕掛けを考えてみよう。

課題3：光と影と音を融合させた活動を考える上で，保育においてどのような「ねらい」が設定可能か話し合ってみよう。

コラム　　光の効果に着目した音楽表現

　光を通して映し出される図形やその変化は，音楽的な発想を導く鍵ともなる。これからの音楽表現の指導においても，先端的な技術を使い，光の効果を用いた音楽的活動への期待は大きい。

　そこで注目したいのがプロジェクション・マッピング（以下，PM）の技法である。PMとは，映像やコンピュータ・グラフィック等をスクリーンのような平面ではなく，物体や建築物等の立体面の形状に合わせてプロジェクターで投影することで，特殊な視覚効果を生み出す映像表現技法の１つである[*1]。

　このようなことができれば，子どもたちが，以前とは異なる見え方で身の回りのものをとらえ，新たな意味を見出すことが可能となるだろう。どうしても視覚的な表現に留まりそうであるが，PMは，動きと音をともなう表現を比較的簡単な操作で実現することができる点にも魅力がある。

　例えば，自作の絵を複数動かし，絵同士がぶつかった拍子に，予めつくっておいた音が鳴るようにルールを決めることができる。そのための手続きが，タブレット等の端末で可能なのである。身の回りのモノがもつ形や質感から音を感じたなら，プログラミングによって，独自の楽器や音環境をつくってみることもできるかもしれない。

写真10－1　壁面に手を触れ，
　　　　　　音を奏でる

　上記の写真は，（株）ケイカによるプログラミングワークショップにおける一場面である。ただの壁だった平面が，プログラミングにより楽器となり，タッチパネル化した壁面に手を触れることで音を奏でられる。

　＊1　antymark『分かる！できる！プロジェクション・マッピング』シンコーミュージック，2014.

第11章 日本の音楽・世界の音楽で遊ぶ

　昨今の多文化共生施策の推進をふまえ，本章では，日本の音楽・世界の音楽へ焦点をあてる。世界の音楽文化への理解を深めるためには，自分で音楽を「つくる」ことが重要である。さらに，日本の音楽文化との相違を理解することによって，双方の音楽文化の理解を深めることにつながる。

1 日本の音楽をもとに

　就学前施設（幼稚園・保育所・認定こども園をいう）における日本の音楽への取り組みというと，どのようなことを想起するだろうか。例えば，発表会や運動会等の行事に向けて和太鼓の練習に取り組み，披露する就学前施設もあるだろう。それでは，箏*1はどうだろうか。子どもたちには箏なんて難しい！ 自分でも弾けないし，とても教えられないと思われる人も多いことだろう。

　2016（平成28）年12月の中央教育審議会における「幼稚園，小学校，中学校，高等学校及び特別支援学校の学習指導要領等の改善及び必要な方策等について（答申）」では，「幼児教育においては，幼児期の特性から，この時期に育みたい資質・能力は，小学校以降のような，いわゆる教科指導で育むのではなく，幼児の自発的な活動である遊びや生活の中で，感性を働かせてよさや美しさを感じ取ったり，不思議さに気付いたり，できるようになったことなどを使いながら，試したり，いろいろな方法を工夫したりすることなどを通じて育むことが重要である」[1]と示されている。本節では，この答申をふまえながら，箏で遊ぶ子どもたちの事例を通して，幼児期における日本の音楽について考えていきたい。

1)　2016（平成28）年12月21日中央教育審議会における「幼稚園，小学校，中学校，高等学校及び特別支援学校の学習指導要領等の改善及び必要な方策等について（答申）」（中教審第197号），p.74.

＊2　柱
箏の胴の上に立てて糸（弦・絃）を支え，その位置を動かすことで音程を調整するもの。

（1）箏コンサートと環境設定

　ある就学前施設では，毎年「ひなまつり」が近づくと，学生による箏コンサートを実施し，親しんでいる曲を聴いたり，箏の伴奏で歌ったりしている。そしてコンサートが終わると，年長児は学生のサポートを受けながら箏体験をしている。箏体験というと，「きらきらぼし」等の曲を弾く体験かと思う人もいるかもしれないが，ここでは，箏の演奏技能の習得が目的ではなく，子どもの興味や関心，やってみたいことを優先している。さらに，この就学前施設では，コンサート前後の朝の自由遊び時間にも，就学前施設のホールに柱*2を立てていない箏二面と爪や柱を設置し，年少児や年中児も一緒になって箏と自由にふれあう環境を設定している。伝統的な奏法等にはとらわれず，保育者（幼稚園教諭・保育士・保育教諭をいう）も子どもの箏との出会いを見守っている。

写真11－1　箏コンサートを楽しむ子どもたち

（2）爪，柱，箏との出会い

事例11－1　爪への興味　年中児　2月

　年中児A児は，ホールに入室すると「箏だ」と言って箏の前に座り，すぐに手を糸*3の上で何度も上下に滑らせたり，糸をつまんで弾きだしたりした。年少児の時に遊んだことのあるB児が入室すると，爪と柱が入っている箱を見つけて，「そういえば前に使ったことがある。指にさして使うんだよ」と，周りの子どもたちに伝授する。すると，子どもたちは爪が入っている箱に群がり，自分の指に自由に爪を付け，絃を爪で弾き始めた。C児は，爪を両手に付けて「怪獣みたい」「猫の爪みたい」等と，うれしそうに他児や保育者に見せている。D児は，爪の種類（生田流は角爪，山田流は丸爪）にも興味をもち，左右に2種類の爪を付けて弾き，E児は，種類ごとに1列に並べて数を数えている。

写真11－2　両手に爪をつけて

＊3　糸
「弦」「絃」の漢字も用いられる。

　事例11－1のように，爪だけでも，子どもの興味は様々であることがわかる。子どもたちは2種類の爪を自由に選択し，爪を付けてみたてて遊ぶことも大好きである。自分で爪を選んで付けていくと，爪の形や輪の大きさが違うことに気付いたり，自分の指に合う大きさを選ぶことを学んでいく。さらに，爪を付けた時と付けない時の音の違いにも耳を傾け，その音の違いを聴きとっていくのである。

事例11－2　柱で雪の結晶！！　年長児　3月

　柱は糸に立てて音を出すだけではなく，素敵な雪の結晶にも変身する。女児2人は8個の柱の先端部分を合わせて床に置いた。そして，できた形に，また8個の柱を組み合わせていくと，雪の結晶ができあがった。さらに，4個の柱を結晶のすき間に立てていき，最後は，その柱の先端部分に爪をかぶせて，平面の結晶から立体的なオブジェが完成した。

写真11－3　柱で雪の結晶

　子どもの発想は実に豊かである。柱は，音の高さが調節できる道具としてだけではなく，様々な造形作品の素材にもなるのである。保育者は，子どもの発想の過程を見守りながら共有していきたいものである。

事例11－3　箏の構造を知る　年長児　3月

　箏の長さや重さ，裏面はどうなっているのだろうか。そして糸はどこにつながっているのだろうか。子どもたちの箏への興味は様々である。箏の横に寝そべって自分の背丈と比べてみたり，片付けをする時に子ども同士で運んだりしながら，箏に親しんでいく。箏を裏返すと2つの音穴があることを知り，穴に手を突っ込んで箏の構造を確かめてみる。箏の内側がざらざらしているのを感じとり，空洞であることを発見すると，穴に向かって声を出し，音が振動することを確かめあっている。

写真11－4　裏面の構造を知る

（3）箏と遊ぶ

事例11－4　1本の糸に複数の柱を立てる　年中児　3月

　子どもにとって柱を一人で立てるのは難しい。年中児が年長児の姿を真似して柱を立てようとするが，糸の張力が強くて思うように立てられない。F児が「よいしょ」と両手で糸を引きあげ，G児が柱を持って糸の下に立てようと共同作業がはじまる。柱の上に糸をかけるタイミングがうまく合わないと，糸が手にぶつかって痛い。はじめは恐怖感をいだきながら柱を立てていたが，慣れてくると，それが達成感や楽しさにつながり，だんだんと一人でも立てられるようになってくる。

写真11－5　一列に柱を立てる

　　　　　　　　１本の糸に複数の柱を立てていく場面が多く見られるが，それは１本の糸に柱を立てれば，糸の間に空間ができ，別の柱が楽に立てられるようになるからである。しかし，複数立てると，弾くたびに柱がはずれてしまうが，これも子どもたちの試行錯誤の一つであり，保育者は，子どもの柱を立ててみたいという意欲を大切に見守りたい。

事例11－5　異年齢による学びあい　異年齢　2月

写真11－6　自由に柱を立てる

　　　　　　　　異年齢による箏体験では，箏を囲んで場を共有しながら，指で糸をはじく，柱を立てる，爪の付け方を教えてもらう等，見て，聴いて，真似をしながら，様々な表現が発展していく。子ども同士の関わりから学びが蓄積され，他児へ広がっていく。柱を自由に移動させながら弾くと音高が変化する，弾く場所によっても音色や音高が異なる等，音そのものへの興味が増幅していく。

　　　　　　　　箏と遊びながら伝統的な奏法を自然に体得したり，お気に入りの音をいくつか選び，簡単な音楽を繰り返しながらつくっている子どももいる。保育者は，子どもの発想や気付きに寄り添い，共有しながら，子どもの学びを援助していきたい。

　　　　　　　　爪や柱の他に，モノ（箸，ゴムへら，洗濯ばさみ，プラスチック製のフォークとスプーン等）を設定し，「プリペアード・箏」[*4]のように活用した事例を紹介したい。

事例11－6　モノを使って新たな音を探す　年長児　2月

　　子どもたちは次々にモノを手に取り，柱を立てた糸を叩く，こする，13本の糸の上をフォークや箸を使って上下に移動させながら遊んでいく。何度もモノを取り替えては音の違いを確かめたり，１つのモノにこだわって使い続けたりする子どもいる。H児は両手に２本のゴムへらを太鼓のバチのように持ち，気に入った音高の場所を同じリズムで繰り返し叩き，楽しんでいる。１本の糸でも柱の右と左では音高が異なり，ティンパニのような打楽器になる。I児は１本の糸に31個の洗濯ばさみを柱にして立て，爪を付けて挟み込むようにして音を楽しんでいる。

写真11－7　柱は洗濯バサミ！

　　　　　　　　子どもたちが箏を自由に弾くだけでも心配なのに，さらにモノを使っても大丈夫なのだろうかと思われる人もいるかもしれない。しかし，モノの材質（木，プラスチック，ゴム）や大きさ，また使い方によって箏の音色が異なってくる。

子どもたちにとって，モノを使うことは，音色や奏法の面白さに加えて，爪よりも音を出すことが技術的にも容易になると思われる。Ｈ児は打楽器的な発想でリズムを奏で，Ｉ児は，柱を自由に立てる経験が，洗濯ばさみを柱にみたてて用いるという発想につながり，その振動から不思議な音に出会い，音を探求しているのではないかと考察する。このようにモノとの出会いが新たな音楽的な成長を引き出すことにもつながるのではないだろうか。

（４）子どもと箏の可能性

　これまでの事例を通して，子どもたちは音をよく聴きあい，工夫しながら，いろいろな音を探求していることが考察できる。事例11－6のように，モノを使って演奏することに対して，箏の伝統を無視しているのではないか，子どもがエスカレートして箏を壊してしまうのではないかと，危惧する人もいるかもしれない。しかし，子どもの発想や音に対する感性は，すばらしいものがあり，様々な過程を通して学びを深めていく。伝統的な奏法にとらわれず，子どもの興味や発想を優先させて見守ると，箏は難しいものではなく，子どもの感性を伸長させる様々な可能性を秘めた楽器といえよう。

　保育者が箏の専門家でなくても，子どもたちの体験を見守りながら，箏の魅力に気付き，子どもたちと共有していくことで，日本の音楽に取り組むきっかけとなるのではないだろうか。そして，このような実践が，小学校音楽科における日本の伝統音楽や音楽づくりの学習に幅広くつながっていくことを期待したい。

　＊　写真11－1～7は，認定こども園國學院大學栃木二杉幼稚園より提供頂いた。

2　世界の音楽をもとに

（１）なぜ世界の音楽に着目するのか

　まだ生まれて数年しか経たない子どもたちが，日本の音楽を飛び越えて世界の音楽に触れるのは大変なことのように思われる。しかし，子どもにとっては日本の音楽も世界の音楽も音を楽しむという意味では同じである。また世界中で音楽のない国はなく，音楽は言葉が通じなくても音を介してコミュニケーションができる。さらに，保育の現場において多国籍の子どもたちが増えてきている現状からも，多文化教育として色々な国の音楽に触れることは重要な意味があるだろう。

　世界の音楽に取り組む際にヒントとなるのは，若林が述べるように，自分たちの音楽や表現の軸によって，他の国の音楽との接点を確かめることができる

2）　日本音楽教育学会編『音楽教育学の未来』,音楽之友社, 2009, p.13.

3）　柘植元一『世界音楽への招待』音楽之友社, 1991, p.7.

4）　坪能由紀子「ワールド・ミュージックの教材化のために：グローバリゼーションとローカリゼーションを視座として」,日本女子大学大学院紀要, 18号, 2012, pp. 197-205.

ということである[2]。世界の音楽について，柘植は人類で全く音楽をもたない民族はいないこと，その音楽はそれぞれの民族によって少しずつ異なっていることを述べている[3]。坪能は，ワールド・ミュージックの教材化において，音楽に共通してあるもの（ユニバーサリー）と，多くの音楽に共有されるもの（コモナリティー），そして，その音楽が独自にもつもの（スペシャリティー）の3つをあげ，それに気付き，それらを学ぶことに意味があることを示唆している[4]。つまり，自分たちの音楽を軸としながら，他国とどこが同じで何が違うのかを知ること，それが音楽や表現の幅を広げるのである。

（2）世界の音楽の面白さとは

1）リズムのおもしろさ

日本の民謡には拍がはっきりわかりやすい八木節様式，拍が曖昧な追分様式がある。しかし拍のわかりやすさ曖昧さとは異なるリズムが世界の音楽にはある。例えば，異なる拍のリズムが同時に奏でられるポリリズムは，アフリカのダンスや歌，あるいはインド，東南アジア等の音楽にもみられる。また，拍を足しながら構成していく付加リズムでできた音楽も世界の様々な地域の音楽にみることができる。

2）独特の音の響きの面白さ

日本の音構成（5音）と同じ音を用いる音楽が世界の音楽にはある。韓国の「アリラン」や「トッキヤ」，中国の「茉莉花（まつりか）」，スコットランドの民謡にも同じ音構成を使った歌がある。注目すべきは，同じ音構成であっても，日本と他国では中心（核となる音）が異なっていることである。それによって，音楽の雰囲気がガラッと変わるのである。その他にもインドや中東をはじめ，独特の音構成をもっている国はたくさんある。

3）身体的な動き

世界の音楽には振りや踊り等，体の動きをともなったものも多い。例えば，イスラエル民謡の「マイムマイム」や，フィリピンのバンブーダンス等があげられる。世界の音楽は遠い存在と思いがちだが，意外に昔から子どもたちの遊びの中に取り入れられているものもある。

（3）子どもたちと世界の音楽を楽しむために

世界の音楽に取り組む場合，何をヒントにどうやって遊ぶことができるだろうか。

1）同じ（似た）遊びや音楽を見つける

　日本と世界の音楽は違う部分も多いが，だからこそ，似ている部分に着目をしてみることに意味がある。まずは，共通する部分がある遊びや音楽に着目をしてみよう。

表11－1　各国の似た遊び

真似っこ	羅漢さんが揃ったら（日本），サッチギ・サッチギ・サッポッポ（韓国），チェチェッコリ（アフリカ）等
橋くぐり	とおりゃんせ（日本），どんどんばしわたれ（日本），プ・プン・プ・オゲネ（アフリカ），ロンドン橋（イギリス）等
お手合わせ（手あそび）	日本にはたくさんのお手合わせがあるが，世界にも同じようにお手合わせがみられる国もある。

2）自分たちでつくって遊ぶことを楽しむ

　表11－1にあげたアフリカのチェチェッコリは，保育者が振りや踊りをつくり，子どもたちはそれを真似しながら活動を楽しむことができる。活動に慣れれば，子どもが振りや踊りをつくり，子ども同士での真似っこもできる。

　振りや踊りをつくって遊ぶ中で，様々なバリエーションをつくるような部分があると工夫し，楽しむことができる。次にあげる事例は，音楽の仕組みをもとにしながら自分たちでつくる音楽活動である。

事例11－7　アフリカのリズムにのって即興　3～5歳児・7月

　外部からの音楽講師と一緒に，アフリカの楽器と音楽を中心に子どもたちとの音楽活動が行われた。ジャンベ（アフリカの太鼓）でベースのリズムが刻まれ中，子どもたちは順番に前に出てきて，講師の太鼓にのって一緒にアフリカの小物楽器や太鼓を使って即興的にリズムをつくって演奏する。

写真11－8　アフリカの楽器

図11－1　ベースのリズム

写真11－9　音楽活動

活動でのジャンベのリズムは，小節の途中から始まり（アウフタクト），リズムが特徴的なノリのよいものである。順番を待つ子どもたちも手拍子をたたきながら体も動いている。一見すると，このアフリカのリズムは日本の音楽の中にはないと思ってしまいそうだが，実は，日本の音楽の中にも同じものをみることができ，共通するリズム構造をもとにしている。こうした共通点について，子どもたち自身が気付くこともあるだろう。しかし，子どもたちと一緒に新しく音楽をつくっていく活動において，大切なことは，保育者が何に着目して子どもたちと音楽活動を行おうとしているのかである。

世界の音楽を楽しむ際，そのままその国の音楽を体験してみることによって，日本の音楽と同じ部分や違う部分等を知る，その音楽のルールを見つけることができる。では，その音楽のルールをもとに自分たちで"つくってみる"ことにはどのような意味があるのだろうか。子ども向けの科学教育番組等に携わる緒方は，「わからないから，つくる。"つくる"ことで"わかる"」[5]と述べている。つまり，自分の国以外の音楽をわかって楽しむには，自分たちでつくってみることが大きなきっかけとなるのである。

3　文化としての音楽

日頃，何気なく使っている文化という言葉は，どのような意味で使われているのだろうか。本節では，この文化という言葉の意味について確認したのち，子どもの音楽表現との関係や，保育者として必要な文化についての認識について考えたい。

（1）文化とは何か

「文化」を辞書で引いてみると，辞書によってその表記は様々であり，いかに多様な使われ方で浸透している言葉であることが窺（うかが）い知れる。それらの説明をみると，音楽イコール文化としてとらえてよさそうであるが，辞書の表記からは，その音楽が芸術であることが前提になっているような印象も受ける。

サイード[*5]は，文化を次の２つの意味で定義している。１つめの意味は「記述法とかコミュニケーションとか表象のような慣習実践」[6]，２つめは，「洗練化と高尚化をうながす要素をふくむ概念」[6]としている。この２つめの洗練化と高尚化をうながすとはつまり，おのおのの社会にあるこれまで知られ思考されてきたもののうち最良のもの，それの保管庫であるということだとしている。サイードはこの２つめの文化のあり方に基づき，人々の文化のとらえ方に批判意識をもつ。それは，人々が自国の文化を尊重するだけでなく，日常世界

5）　緒方壽人他『情報環世界』NTT出版，2019，p.80.

＊5　エドワード　サイード（1935-2003）
ポストコロニアル理論を確立したとして知られる文学研究者，文学批評家。邦訳されている著書に『オリエンタリズム』（平凡社，1986）や『バレンボイム／サイード　音楽と社会』（みすず書房，2004）等がある。

とは隔離されたものと考えてしまうことに対する批判意識である。

　音楽で考えるならば，芸術として認められた音楽を奏でられる特定の人や場所，作品や演奏等を文化としてとらえがちだということだろうか。また，音楽を特定の人や場のものと，とらえるために人々が日常の中で身近なものとして接していないような状況だろうか。確かに，日本の伝統的な音楽や，西洋芸術音楽について考えてみると，サイードのいうような日常生活とは隔離された状況にあるかもしれない。そうであるならば，その「日常世界との隔離」を乗り越えるために，私たちは，就学前施設での教育においてどのような方向を目指せばよいのだろうか。

（2）文化と子どもの音楽

　幼稚園教育要領解説[7]では，文化の獲得や自己の可能性を拓いていくことを大切にした教育を目指すとされている。音楽表現の分野においては，どのようなことに留意すれば，先に述べたような「日常世界との隔離」に陥らず，子どもが文化や伝統に親しめるように導けるのだろうか。

　次に示すのは，幼稚園で行われた，お囃子[*6]を題材にしたワークショップの事例の抜粋である。このお囃子のワークショップを基に，子どもがどのように文化に親しみをもつようになるのか，そして，どのように自己の可能性を拓くのかをみていきたい。特に，自己の可能性を拓くことにつながるであろう主体的な表現が生まれる過程に焦点化する。5歳クラスで，ワークショップリーダー（保育者）が，まずは付締太鼓を使って，数人の子どもと交互に即興的にリズムを奏でた後，徐々に大太鼓，摺り鉦が加わり，それぞれの楽器を使い，同時に同様の活動を行う。事例11-8はその活動の冒頭部分である。

事例11-8　お囃子のワークショップ　5歳児クラス

保育者：X，Y

手拍子を模倣する遊びを行った後，子どもたちが円形に並んでいるその輪の中に，保育者のXが付締太鼓を運んでくる。Xは，子どもたちに向かって，「違う風に（先生とは異なるリズムを）叩けるかな？」と問い掛ける。子どもたちは，（中略）1人が「できる」と小さな声で返事をすると，ぽつりぽつりと「できるよ」「できる」と続き，全員が大きな声で，Xの提案する活動ができると明るい声を轟かせた。Xはバチを持って，保育者のYを呼び，一台の付締太鼓に向き合う形で叩き合う見本を示す。4拍の中で，Xが四分音符を3回叩き，四分休符を1拍置いたあと，Yが4拍の中でXとは異なる細かいリズムを叩く。この交互に4拍分のリズムを叩くことをもう一度行い，子どもたちを呼ぶ。（中略）「Hちゃん用意はいいかな」とXが言う。女児Hは「いいよ」と元気よく答えると，Xは，Yの時と同じように叩き，四分休符の間に，H

6）　エドワード サイード，大橋洋一訳『文化と帝国主義1』，みすず書房，2008，pp.2-4.

7）　文部科学省『幼稚園教育要領解説』（第1章 第1節 2），2018.

*6　ここでは祭囃子を意味する。祭の際に演奏される音楽のこと。笛，和太鼓，摺り鉦といった3種の和楽器を使うことが多いが，地域等によって異なる。

児に笑い掛け，目配せしながらバチを構え，叩くように促すそぶりを見せる。H児はバチを握ったまま叩かない。（中略）順番に子どもたちはXのリズムの模倣を行う。付締太鼓の順番を待っている男児Iが，大太鼓を演奏している男児Jの方をじっと見ながら，休符の部分で大太鼓を模してか「ドン」と大きな声で合いの手を入れる。

　男児Iは，付締太鼓の順番を待っている間，大太鼓の音が聞こえてくるたびにそのリズムを「ゴゴゴゴゴン」や「ドコドコドン」とオノマトペで自発的に表現していた。回を重ね，複数の楽器の音が重なって華やかな雰囲気になっていくにつれ，手足を大きく使ったダイナミックな動きもともなうようになった。やがては並んでいる列から離れそうになり，目の前の男児Kの関心をも引き寄せ，2人は明るい表情でその「お祭り」の雰囲気を楽しむように，リズムに合わせて体を揺らしながら順番が回ってくるのを待つ。

　　　　事例11−8からは，子どもたちの主体的な音楽表現には保育者の働き掛けが重要であることが窺える。もともとの保育者Xが子どもたちに提案したのは，Xとは異なるリズムを即興的に奏でるというものであった。しかし，実際にやってみると，バチをもっていきなり促された女児Hは，バチを構えてじっと面を見ているが，叩くことができなかった。このあと，Xが「一緒にやろう」「こんなのはできるかな」と言って，いくつかのリズムの模倣を促したことで，女児Hは手拍子の時と同じように模倣することができた。この女児Hの後に続いた子どもたちも，ほとんどがXのリズムを模倣する形で活動は終始した。

　　このような事例を提示すると，子どもたちの主体的な活動が困難な印象を与えるだろうか。たしかにXがもともと求めた表現が子どもから返ってこなかったことに注目するとそういう見方もできるかもしれない。しかし，ここで重視したいのは，この1回の活動の中で，徐々にお囃子のリズムが子どもたちの間に浸透していっている様子である。XやYは，お囃子でよく使われるリズムや奏法を示していた。大太鼓に摺り鉦も一緒に鳴り響く中，子どもたちは，徐々に自分の担当の楽器で模倣することができた。こうして，だんだん途切れることなく太鼓の音が響き渡るようになったことで，男児Iの主体的な表現が引き出されたことにこそ，注目すべきである。はじめは黙って自分の順番を待っていた男児Iだが，3種の楽器が鳴り響く中，突然「ドン」と合いの手を入れることができ，その後の表現に至ったのは，友だちのリズムを聴き，全体の響きに徐々になじんでいったからなのである。このように主体的な表現というのは，必ずしもルールや指示があったタイミングで起こるわけではない。事例11−8でいえば，順番が回ってきたその時だけではなく，活動全体の中で，子どもがその空間で響いている音になじんだ時，それぞれのタイミングで起こるものなのである。

　以上をふまえて，子どもの音楽表現と文化との関係を考えてみたい。文化への親しみは，模倣の連続が生んだ環境からⅠ児の即興的な合いの手が生まれたように，その響きやリズムに慣れる中で徐々に自発性が育まれていくものなのだろう。こうしてリズムや音色等を模倣し，音楽表現があたり前にある環境に身を置くことで，子どもたちの中に自発的な活動が蓄積されていき，文化としての音楽活動につながっていくのではないだろうか。

● 演習課題

課題1：日本の音ってどんな音だろう？　日本の音楽ってどんな音楽だろう？　身近な日本の音や音楽について話し合ってみよう。

課題2：日本と世界のわらべうたや手あそび歌を調べてみよう。

課題3：課題2で調べたわらべうたや手あそび歌の共通点，相違点について話し合ってみよう。

コラム　わらべ館

　鳥取県鳥取市にある「わらべ館」は，童謡・唱歌をテーマとした「童謡の部屋」とおもちゃをテーマとした「おもちゃの部屋」からなり，子どもから大人までが遊びながら学ぶことのできる体験型文化施設である。館内における，童謡・唱歌や作曲家についての常設展示では，現在まで歌い継がれている数多くの歌を，実際に聴いたり歌ったりして楽しみながら学べる他，唱歌教室やわらべうた遊び等のイベントも定期的に行っている。

　また，本施設は童謡・唱歌とおもちゃの複合施設として独自の調査研究を行っている。国内における童謡・唱歌の楽譜等の資料採集・保管や，童謡・唱歌研究情報誌の発行の他に，童謡・唱歌に関する企画展やコンサート等の催しも行われており，その調査・研究活動は多岐にわたっている。

　長く歌い継がれる子どもの歌や，童謡・唱歌の作曲家等について，楽しみながら学ぶことのできるわらべ館。鳥取県来訪の際にはぜひ足を運んでみてはいかがだろう。

写真11−10　概観

写真11−11　童謡の部屋

写真11−12　おもちゃの部屋

【わらべ館 問い合わせ先】〒680−0022 鳥取県鳥取市西町3丁目202　TEL：0857−22−7070

第12章 音楽教育メソッド

本章では，20世紀を代表する音楽教育メソッドに着目する。リズム運動・ソルフェージュ・即興演奏の３つの柱をもつダルクローズのリトミックをはじめとし，オルフの音楽教育や，「音楽は万人のもの」という理念のもとに提唱されたコダーイのメソッド，さらに医師であったモンテッソーリによって考案されたメソッドを理解する。

1 ダルクローズのリトミック

リトミック（rythmique）とは，ウィーンで生まれたスイスの作曲家・音楽教育家であるエミール ジャック＝ダルクローズ（Émile Jaques＝Dalcroze, 1865-1950）によって創案，体系化された音楽と動きを融合した教育法である。音楽に反応して歌ったり身体運動を行ったりすることで知られるリトミックは，20世紀初頭に考案されると世界各国に広まり，日本では音楽の基礎的能力の獲得方法の一つとして，就学前施設（幼稚園・保育所・認定こども園をいう）で様々な実践がなされている。本節では，ダルクローズが掲げた教育理念を読み解き，子どもが経験する内容やリトミック教育の今日的意義について考えてみよう。

（1）ダルクローズのリトミックが目指すもの

パリ，ウィーン，ジュネーブで作曲・演劇・和声学を学んだダルクローズは，やがて教育者となる。「聴く耳」と，「表現し感じ知覚する体」と，「判断しイメージし誤りを正す頭脳」との結び付きを発見できることを期待して，学生と共に実験的な音楽教育の開発を行った。新鮮な音感を呼び覚まそうとして，聴くこと・歌うこと・読譜や記譜と身体的反応を結び付け，内的聴感（inner hearing）[*1]を誘発，発展する手段を編み出すのである。本来リトミックとは「リ

*1 内的聴感とは，実際に音が発せられていなくても頭の中であたかも音が鳴っているように感じられることを指す。

ズム運動」「ソルフェージュ教育」「即興演奏」の３領域からなり，これらをバランスよく連動させて，精神と体の一致，自発性と反射性，集中力と記憶力，創造性の育成等が目指されるものである。ダルクローズはリトミックの目的を「一人ひとりの子どものもつ自然なリズムが，自由な羽ばたきの妨げとなるあらゆる影響から解き放たれること」[1]と述べている。つまり，ダルクローズの教育観は，音楽を通じて豊かな人間性の育成をも願うものである。

1) エミール　ジャック＝ダルクローズ，板野平監修，山本昌男訳『リトミック論文集 リズムと音楽と教育』全音楽譜出版社，2003，p.133.

（2）ダルクローズのリトミックにおける３つの柱

ダルクローズのリトミックにおける「リズム運動」「ソルフェージュ教育」「即興演奏」について，ワークをもとに考えてみよう。

1）リズム運動

ワーク12－1　散歩に行こう

子どもが部屋の中を好きな方向，好きな速さで歩く。保育者は一人一人の動きを大切によく観察する。しばらくして保育者（幼稚園教諭・保育士・保育教諭をいう）はピアノや太鼓，CD等の音楽を提示する。子どもは音楽のビートに合わせて歩く。慣れてきたら散歩のイメージで「２人で歩こう」「道が狭い。１人で行こう」「水たまりだ，止まって。…よし，飛び越えよう」「一本橋だ。落ちないようにそーっと行こう」等，保育者の道案内で音楽と動きを経験する。速度の変化（遅い，速い，重々しい，だんだん遅く・速く等），強弱の変化（強い音，弱い音，静かな音楽等）を体の動きを通して表現する。

2) 前掲書1），p.46.

ダルクローズは「規則正しい歩行の中に，子どもに対するリズムへの手引きの自然な出発点を見出すのである」[2]と述べて，生活の中で経験する歩く，ゆれる，まわる，ひねる等の動きを通して身体的なリズムの感覚を目覚めさせ，音楽の要素を理解する経験につなげようと考えた。

2）ソルフェージュ

ワーク12－2　ドミソの汽車

子どもは最初に１両の汽車になったつもりで，好きな速さで試運転をする。保育者がピアノを弾く，あるいはCD等の音楽を流し「２両」「３両」と声を掛けると子どもは２人や３人で並び連結する。３両になったら保育者は「ド・ミ・ソを決めるよ」と声を掛け，子どもは一人ずつド・ミ・ソのいずれかになることを相談する。保育者がピアノで「ド・ミ・ソ」と弾き「この順番になるよ」と言う。子どもはド（運転手：一番前），ミ（お客：真ん中），ソ（車掌：一番後ろ）の順に並び，できたら音楽に合わせて進む。保育者は汽車が走る音，止まる音，「ミ・ソ・

ド」「ソ・ド・ミ」等に合図を変えていく。子どもは聴こえた音楽に応じて歩く，止まる，3つの音を聞き分けて並び替える等の活動を汽車にみたてながら経験する。

ソルフェージュでは音を聴き取る遊び，歌うこと，音の高低の変化（だんだん高い音へ，だんだん低い音へ）等についての感覚を目覚めさせ，内的聴感を育成する機会へつなげることが考えられる。

3）即興的な活動

ワーク12－3　何かになって遊ぼう

身近な生き物（花，虫，飼育している小動物，魚等）の動きを想像する。身近な自然現象（風，雨，山，草木のゆれ，波等）の動きを想像する。これらを音や音楽と共に自由に身体表現する。

即興演奏とは，リズムとソルフェージュの原理を結合させてピアノ等で演奏表現を行うことである。しかし，子どものリトミックでは即興的な表現活動として日常の生活経験から教材を選定し，個性豊かな自己表現を楽しめるようなプロセスを保障したい。

（3）保育におけるリトミックの活用と課題

ダルクローズのリトミックが日本へ定着した歴史的変遷には，多くの芸術家や教育家が名を連ねている。明治期に最初に歌舞伎や新劇の基礎訓練として導入した歌舞伎俳優の市川左団次，大正期にドイツで学び影響を受けた作曲家の山田耕筰，舞踊家の伊藤道郎・石井獏，大正から昭和期に幼児・初等教育及び保育者養成で実践した国立音楽大学附属幼稚園園長の小林宗作，体育者として普及した日本女子体育大学の天野蝶らである。時代

写真12－1　リズムにのって弾む子ども

の流れの中で，特に幼児教育の場には様々な手法で広がりをみせた。今日，ダルクローズの理念が形骸化し，その内容や方法が画一的指導に陥っていないだろうか。日本の幼児教育界へ導入した小林は，幼児の生活は未分化で全体的活動の時代であるからリズム訓練もいわゆるリトミックのごとく，分析されたリズムの姿で取り扱われてはならないものであり，もっと幼児の生活や遊戯の中で工夫して指導されるべきだと主張している[3]。その本質を，深く理解したいものである。

3）　岡田正章監修『大正昭和保育文献集第4巻 実践編1』日本らいぶらり，1978，p.224.

2　コダーイとわらべうた

（1）ゾルターン コダーイ ―音楽は万人のもの―

＊2　ベーラ バルトーク
（Béla Bartók, 1881-
1945）
　ハンガリーを代表する作曲家，民族音楽学者，ピアニスト。コダーイと共にハンガリー民族音楽の収集と研究に没頭し，ファシズムへの抗議活動を行ったが1940年10月アメリカに亡命。白血病のためニューヨークで没。

4）『音楽大事典 2巻』平凡社，1983，p.918.

　ハンガリーの作曲家，民族音楽学者，教育家であるゾルターン コダーイ（Kodály Zoltán, 1882 – 1967）はバルトーク＊2と共にハンガリーの民族音楽の再興を目指した。それは自国の言葉と音楽を取り戻して「真のハンガリー人」をつくることでもあった。ハンガリーはヨーロッパのほぼ中間に位置する国で，歴史的に他国，特にゲルマン系の国から支配を受けることも多く，コダーイが生きた時代は二度の世界大戦が勃発した激動の時代であった。教養人はドイツ語を話すという状況の中で，自国の言葉による歌がもつ音感やリズムを創作活動の基本に置くことで民族の誇りを取り戻したいと考えたコダーイは，バルトークと共にハンガリーの民謡やわらべうたを収集し，民族の伝統音楽を研究した。第二次世界大戦のさなか，戦乱のハンガリーにとどまり「歌う若者たち」という合唱運動に力を入れ，同名の雑誌の創刊号に「階級社会的階層に基づくあらゆる差別を拒否する。音楽は万人のものでなければならない4)」と書いた。戦後は，この「音楽は万人のもの」という理念のもと，母国語による民謡やわらべうたを基盤とした音楽教育を，幼児教育や学校教育の本質をなすものとして系統付けた。

（2）コダーイ・システム

　コダーイにより提唱された音楽教育はコダーイ・システム，あるいはコダーイ・メソッドと呼ばれ，多くの国で実践されている。コダーイは，子どもの音楽教育では内的聴感を発達させることが大切であり，内的聴感の発達は，子どものもつ最初の音に対するイメージが自分自身の歌から発生している場合にのみ可能であるので，子どもはまずは歌い，歌えるようになってから楽器に触るべきであると述べている。それゆえハンガリーでは，就学前の音楽体験はわらべうたを歌い遊ぶことが中心となる。歩きながら歌うことで拍を感じ，1拍に収まる言葉のリズムを感じたり，わらべうたに合わせてスキップして付点のリズムを感じたりと，体を使って音楽の要素を十分に体感したのち，小学校に入って，歌詞の言葉のリズムから音楽のリズム分割を学ぶ等，理論的理解に入るのである。

＊3　移動ド唱法
　「ドレミファソラシ」を階名として歌う方法。何調であっても長調なら主音を「ド」短調では主音を「ラ」として歌う。

　コダーイは移動ド唱法＊3によるソルフェージュ教育を重視し，読譜へのアプローチのために様々な手法を導入した。例えば19世紀にイギリスで考案された

トニック・ソルファ（階名唱法）の文字記譜法，レターサイン（階名を表すのに，do, re, mi, fa, sol, la, tiの頭のアルファベットd，r，m，f，s，l，tを使用する）や，音階における各音の機能を手の形と動きで視覚的に示すハンドサイン*4である。その他にも，五線記譜法による音符の棒の部分を用いてリズムを表すスティック・ノーテーションと呼ばれる記譜法によって，旋律を記譜している。また，4分音符はター，それを2分割する8分音符2個はティティ，4分休符はスン等，リズムの歌い方が決まっており，リズム唱が行われる。

*4　ハンドサイン

シ

ラ

ソ

ファ

ミ

レ

ド

（3）わらべうたが育むもの

　コダーイが子どもの音楽教育の始まりにおいたわらべうたは「歌をともなった遊び」である。言葉，旋律，声，しぐさ，動き，コミュニケーション，スキンシップが一体となり，空間認知力，記憶力，思考力，判断力，表現力，運動機能を育てる。特に乳幼児と歌い遊ぶわらべうたは音程の幅が狭く，2音か3音といった少ない音でつくられていて，歌う際に子どもの声帯に無理がかからない。拍に乗せて唱えるように歌うものもある。音楽にのせた言葉のやりとりがあり，歌詞には自然界にあるもの，自然界で起こること，動物や植物が登場し，数え歌によって数を理解する。生活の中にある遊びが展開され，同じ歌でも発達によって遊び方を変えて楽しむことができる。しぐさや動きがあり，応答があり，スキンシップがあって，一対一（大人と子ども，あるいは子ども同士），二人組，複数人のグループ等，人数の組み合わせによる遊びの変化が楽しめる。また遊びにはルールがあるため，規範意識が芽生え，社会性が育つ。遊びのグループに異年齢の子どもがいれば，おのずと遊びを工夫したり，子ども同士で話し合って遊びのルールを変えたりすることもあり，考え，工夫し，言葉で伝えあう経験を重ねることができる。

（4）わらべうたが育む音楽的発達

　日本にコダーイの理念，教育方法を導入し，コダーイ・システムで音楽を学ぶ土壌をつくった羽仁協子によれば，幼稚園での3年間の音楽的発達は次の視点から促される[5]。

5）　コダーイ芸術教育研究所『わらべうた わたしたちの音楽－保育園・幼稚園の実践－』明治図書出版，2008.

　①　**歌い方の技能**：音域，テンポ，清潔に歌う（音程正しく歌う），大きい・小さい，高い・低い，内的聴感，音色の観察・認知，鑑賞。
　②　**リズム感の発達**：鼓動（拍），リズム，速い・遅い。

羽仁は課業と称して，これらの視点をねらいとした「わらべうたによる音楽指導」を4歳から行ったが，それは「ねらいを取り上げる部」「ねらいと関連

する遊びを取り上げる主要部」「保育者の歌を聴く終結部」の３部から構成され，毎日一つのねらいを掲げ，20〜30分間行われるものだった。現在もわらべうた保育を行っている園で，この羽仁理論に基づいた指導が行われているところもある。具体的な例を通して，これらのねらいがどのように指導されるのかをみてみよう。

ワーク12-4　どんどんばしわたれ（門くぐり遊び）

　遊び方：門をつくる２人は，他の子どもたちが歩いてくる方向を向いてつないだ片手を高く上げて門をつくる。他の子どもたちは２人組になり，手をつないで歩き，門をくぐるときは前後にずれて一人ずつ門をくぐる。歌の最後で門が下ろされ，通れなかった２人組が新しい門になる。もちろんこの遊び方以外にも，橋にみたてた布等の上を歩いていく等，遊び方を変えて遊ぶことができる。

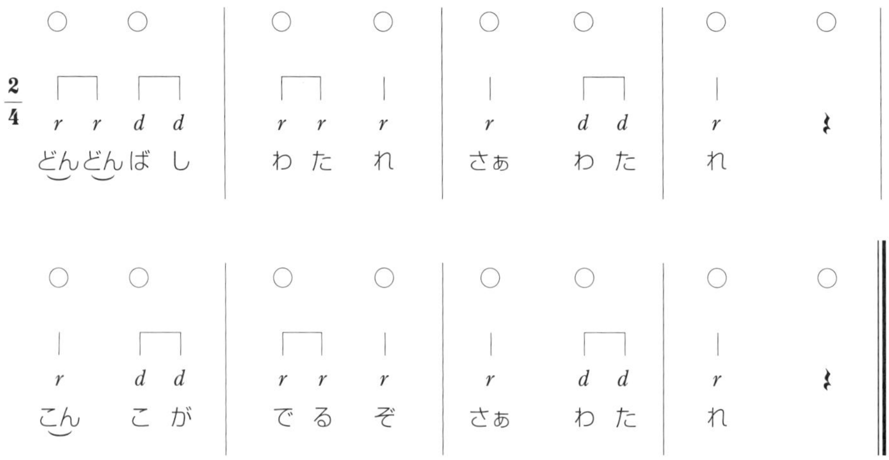

＊レターサイン，スティック・ノーテーションを使って記譜。○は拍を示す。

図12-1　「どんどんばしわたれ」の楽譜

① レ，ド（r，d）の２音でできているので，手で高さの違いを示し，音の高低を認識できるようにする（音の高低の認識）。

② 拍に合わせて歩きながら歌うことで，１拍の間隔を感じ，拍を分割するリズムを認識する。拍たたきができるようになったら拍たたきをしながら歌ったり，歌詞の通りに手を打ったりしてリズムを認識する（拍とリズムの認識）。

③ 歩きを速くしたり遅くしたりして遊び，テンポの違いを感じる（テンポの認識）。

④ 大きな声で歌ったり小さな声で歌ったりする（声の強弱の認識）。

⑤ 「どんどんばしわたれ　さぁわたれ」を保育者が歌ったら，「さぁわたれ」の「れ」の音高（r）に合わせて子どもたちが「こんこがでるぞ　さぁわたれ」を歌う（音高の認識ができ，同じ高さに声を合わせて歌い始められる。内的聴感を養う）。

　わらべうたを歌う時は正しい音程感覚で素直な声で歌うことを目指している。また，どんなわらべうたも，これらのねらいから年齢や発達に合った活動を考えることができる。例えば鼓動（拍）を認識するために拍たたきができるのは4歳位だが，一緒に歩きながら歌うだけでも拍の体感につながる。ハミングで歌って何の歌か当てる，歌の出だしをサイレント・シンギングし「さぁわたれ」だけ声に出して歌う等の活動が内的聴感を育む等である。

3　オルフの音楽教育

　オルフの音楽教育は，ドイツの作曲家カール　オルフ（Carl Orff, 1895－1982）が提唱した理念「エレメンタール」に基づいた教育を指す。狭義には，オルフとその助手であったケートマン（Gunild Keetmann）とともに，南ドイツ・バイエルン放送局のラジオで，子ども向けに制作された番組の内容をまとめた著書『子どものための音楽（オルフ・シュールベルク：Orff-Schulwerk）』の内容に基づいた教育を指す。また，広義には，理念「エレメンタール」に基づいた音と動きに関する表現活動による人間教育として，「オルフの音楽教育」はとらえられている。

（1）作曲家カール　オルフ

　作曲家カール　オルフは20世紀を代表する世界的な作曲家である。一般的には音楽教育による功績よりも，オルフの代表作である「カルミナ・ブラーナ（Carmina Burana）」による功績によって評価されている。作品は2006（平成18）年に公開されたペルシア戦争を描いた映画「300（スリーハンドレッド）」でも使用され，その重厚で荘厳な雰囲気が映画の物語とも調和しており，世界的にも話題になった。そのため，現在でも，ドイツ・日本だけでなく，世界各地で演奏され，さらには，その音源がコマーシャルやTV番組，映画等のBGMに採用されている。

　オルフは，1895（明治28）年7月10日に南ドイツ・バイエルン王国・ミュンヘンに生まれた。オルフの父ハインリッヒは軍人であったが，ピアノや弦楽器を嗜み，母パオラもピアノ奏者で，音楽的に恵まれた環境で育った。ピアノを5歳から，チェロを7歳から，和声学を15歳から学んだ。18歳の1912（大正元）年には，初めての歌曲集を出版し，ミュンヘン音楽芸術アカデミーで音楽について専門的に学ぶこととなった。その後，作曲をハインリッヒ　カミンスキ（Heinrich Kaminski, 1886－1946）に師事し，楽器分類法を開発したことで有名な民族音楽学者クルト　ザックス（Curt Sachs, 1881－1959）から学んだ。その経

験によって，オルフは次第にルネッサンス-バロック期作曲家であるクラウディオ　モンテベルディ（Claudio Monteverdi, 1567-1643）の研究に没頭していくこととなる。このモンテベルディ研究の成果として，オルフは世界最古のオペラ「オルフェオ」の編曲に取り組んだ。その後，バロック音楽や民族音楽という背景によって生み出されたのが，1937（昭和12）年に初演された「カルミナ・ブラーナ」である。

オルフの作品の特徴として，中地は，第1に音楽と身体表現等による舞台作品が多いこと，第2に原始主義と呼ばれる身体的興奮・野性的奔放さと官能性・神秘性の両面が呼び起こされるような作風であることを示している[6]。当時の西洋音楽が複雑化していく傾向にある中で，中世の音楽のように，よりシンプルな音楽へと回帰した「カルミナ・ブラーナ」は，発表当時はかなり斬新で独自性の高い作品として評価された。

6)　中地雅之『カール　オルフの生涯と作品』朝日出版, 2015, pp.1-8.

（2）エレメンタールとオルフ・シュールベルク[*5]

＊5　オルフ・シュールベルク

当初，オルフ・シュールベルクとは，ドイツのショット社から刊行された「子どものための音楽Ⅰ～Ⅴ」を示す言葉であったが，現在では，オルフが提唱したエレメンタールを中核概念とした子どものための音楽教育のアプローチを示す言葉としてとらえられている。

オルフは作曲家として成長していく過程で，音楽教育についても多くの実践を残した。1924（大正13）年からドロテー　ギュンター（Dorothee Günther, 1896-1979）と共にダンスと音楽の学校「ギュンター・シューレ」において音楽教育に携わることとなった。ここでの実践は，後にケートマンと共にまとめられ『基礎的音楽練習（Elementare Musikubung）』として刊行された。オルフは，「カルミナ・ブラーナ」の音楽的源泉が，このギュンター・シューレでの教育実践における「エレメンタールな音楽様式の展開」にあると述べている。この「エレメンタール」という概念については，オルフの著作に言葉が残されている。

「エレメンタールな音楽とはなにか？　エレメンタールな音楽は，決して音楽だけが単独ではなく，体の動きやダンス，ことばと結びついたものです。これはだれもがみずからすべきものであって，聴き手としてではなく，仲間として加わるような音楽です。＜中略＞小さな音形を順につないでいったり，オスティナートの組み合わせ，小さなロンドなどの形式をとるものです。エレメンタール音楽は大地に近く，自然で身体的な，そして誰にも覚えやすく感じ取りやすい，子どもにふさわしいものなのです」[7]

7)　日本オルフ音楽教育研究会，『オルフ・シュールヴェルクの研究と実践』, 朝日出版, 2015, p.15.

8)　前掲書7), p.16.

井口は，この言葉の中で，特に「演奏者と聴衆を分けない」という発想にエレメンタールの特徴があることを示している[8]。一般的に，音楽表現は楽譜通りの演奏を目指して練習を積み重ねることが求められる。日々の歌唱の活動も，歌を楽しむという経験でもあるが，同時に次の行事の際により上手に歌唱

ができるようになるための練習という意味合いもある。特に常に行事が多く取り入れられているような就学前施設ではその傾向が強くなる。行事で発表することを前提にした音楽表現活動は，子どもを含めそれを取り巻くすべての人々を演奏者とそれを聴く聴衆とに分け，そこに境界をつくる。

　しかし，オルフでは，この境界がない。オルフの音楽教育は即興と模倣によって進められる。そのため，その場に存在するすべての人が生み出す言葉や動き，音が表現として双方向的にやりとりされるのである。例えば，Ａさんが思い付いた言葉（意味のないオノマトペでも，自分の好きな食べ物でもよい）を声に出す。その声を周りにいるＢさん，Ｃさんが真似をする。次に，Ｂさんが思い付いた言葉を声に出す。すると次にＡさんとＣさんがそれを真似る。次から次へと生み出された声・言葉が連なり，そこにリズムと旋律が自然発生的に立ち現れる。

■ワーク12－5　オルフの音楽教育の実際

【お名前遊び】

　この遊びは，よく就学前施設で使われている歌遊びである。例えば，「砂場で泥団子つくったのだーれ」とラとファの2音を使ってメロディーを保育者が歌う。その後に，今日の遊びで泥団子をつくって遊んだ子どもたちが手をあげて，「はーい」とリズミカルに答える。さらに，保育者と他の子どもたちが一緒に「お名前は？」と聞いて，それぞれの子どもたちが自分の名前にリズムと旋律を付けて即興で答える。

【音を付けて遊ぼう】

　子どもたちが遊びの中でつくった製作物等があれば，その製作物が動いたところを想像して音をつくってみよう。例えば，Ａ児がつくった車があれば，始めに「車はどんな音で走るかな？」と子どもたちに聞いてみる。すると「ぶぶー」や「ビューン」等といろいろな声が出てきたら，それをみんなで真似してみよう。さらに，次に「今度はＡ君の車はどんな音がするかな？」とＡ児に聞き，Ａ児が「ぶぶぶーん」と言ったら，それをみんなで真似してみる。さらに，その車が走る音を手づくり楽器でつくる展開も面白いだろう。

写真12－2　車の音を想像する

【動きを真似してみよう】

　今度は，製作物や季節の植物・動物を題材にして，その動きを真似してみる。例えば，晩秋にきれいに色づいた葉を見つけてきたＢ児。枯れ葉を拾ったときの状況をＢ児にインタビューしてみよう。そのときに「枯れ葉はどんな風に木から落ちてきたのかな？」と聞いてみる。その時のＢ児の答えに合わせて，本当に木から落ちてきたように葉っぱを動かしてみよう。その

動きに合わせて子どもたちもそれぞれが手の平を葉っぱにみたてて，木から落ちる様子を動きにして身体表現してみる。

【物語をつくろう】

　子どもたちに今日の遊びの様子をインタビューしてみよう。そして，その遊びのプロセスを保育者が物語にして，他の子どもに聞かせてあげよう。例えば，樋をつないで水を流して遊んでいた子どもたちからは，どのように樋をつないでいったのか，水はどのようにして運んだのか，最後に流れた水はどうなったのか等の話を聞く。その話を聞きながら，区切りごとに即興でオスティナート奏を行い，旋律をBGMのように付けてみる。子どもが話す時に即興でBGMを付けてあげよう。

4　モンテッソーリと音楽

＊6　新教育

子どもの主体的な活動を尊重するという児童中心主義の考え方を中心に据えた教育のこと。

　19世紀後半から20世紀初頭にかけて，一人一人の子どもの個性を尊重し，主体性を重んじる「新教育＊6」が展開されるようになった。そのような時代の中で，医師であったマリア モンテッソーリ（1870-1952）は，1907（明治40）年にイタリアで「子どもの家」(Casa dei Bambini) を開設した。ここで彼女は，幼児期の子どもを対象として，医学や生理学等を基盤とする，科学的な方法に基づく教育法「モンテッソーリ・メソッド」の実践に着手した。モンテッソーリが目指したのは，教育的な意図をもつ「モンテッソーリ教具」を用いることによって，子どもが自分自身の力で成長し，自己形成していくというものである。

　モンテッソーリは音楽に関する専門的な知識はもち合わせていなかったが，教育を開始した当初から，音楽に造詣の深い助手らの協力を得て，カリキュラムに音楽を導入した。そして，現在では，モンテッソーリらの教育理念を引き継ぎながらも，新たな要素を取り入れた音楽教育が実践されてきている。以下に，モンテッソーリ・メソッドに基づく現代の音楽のカリキュラムを考案したジーン ミラー（1935-）等に焦点をあて，彼女らの音楽教育を概観していこう。

＊7　音感ベルは，C4を基点として，1オクターブの音域を扱うモンテッソーリ教具である。操作するためのセットと，活動の確認を行うためのセットの2つを1組として使用し，聴覚だけを用いて活動を行う。柔らかく伸びのよい音色である。

（1）現代におけるモンテッソーリ・メソッドの音楽カリキュラム

　図12-1は，ミラーの2歳半から6歳児を対象とした音楽カリキュラムの構造を示している。ミラーの幼児期の音楽カリキュラムは，① 聴く，② 音感ベル＊7，③ リズム，④ 歌唱，⑤ 動き，⑥ 創作，という6つの領域と，「楽器」，及び「ゲームと音楽表現」という副次的な領域で構成されている。

　この音楽カリキュラムで特徴的なのは，「創作」領域のみならず，「聴く」領

域を除くその他すべての領域において，子ども
の自由な表現を促す活動が含まれている点であ
る。例えば「歌唱」領域では，単に歌を歌うだ
けでなく，クラスで繰り返し歌っている歌の旋
律に，子どもが創作したオリジナルの詩を付け
て作詞の技法を習得していく。

（2）モンテッソーリ・メソッド
　　における音楽活動

ここでは，ミラーの音楽カリキュラムにおい
て最も基本である「聴く」領域と，子どもの自
己表現を数多く含む「リズム」領域を取り上
げ，具体的な音楽活動の内容や方法を例示する。

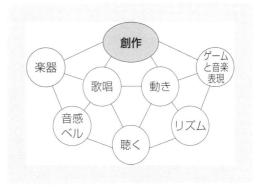

図12－2　ミラーの音楽カリキュラム

出典）Miller, J.K., *"The Montessori music curriculum for children up to six years of age,"* *Ph.D. dissertation*, Case Western Reserve University, 1981. をもとに筆者作成.

ワーク12－6　「聴く」領域：リスニングゲーム

「聴く」領域は，リスニングゲームと呼ばれる活動を含む。このゲームでは，楽音ではない，
子どもにとって身近な音を素材として取り扱うことで，子どもが音を注意深く聴く力を身に付
けていく。また，これらすべてのゲームはグループでの活動形態をとるため，友だちや保育者
とのやりとりを通して，音に対する気付きを高めることができる。以下に，リスニングゲーム
の一例を示す[9]。

表12－1　リスニングゲームの活動概要

活動項目	活動目的	活動内容	音素材
音の孤立化	音を集中して聴く力を培う	①リーダーはベルを持ち，それ以外の子どもは目隠しをする。ベルを持った子どもは静かに移動しながらベルを鳴らし，目隠しをした子どもはベルの鳴る方を指差す。 ②リーダーは，ベル，レコーダー，人の声等音源の位置を変え続ける。目隠しをした子どもがその音に続いて歩く。 ③保育者は保育室の中に時計を隠し，子どもは時計の針の音を頼りに時計を探す。	・ベル ・レコーダー ・人の声 ・時計
小さな音を聴く	小さな声を集中して聴く力を培う	保育者は，子どもから10メートル離れて立ち，保育室にある物の名前を囁いてそれを見つけるように促す。子どもはそれを探す。	・声

表12－1　（続き）

音色の識別：ミステリーサウンドゲーム	様々な音色を識別する力を培う	リーダーは子どもにとってなじみ深いものをいくつか紹介し，それぞれでつくった音を実演する。その後，子どもは目を閉じ，リーダーが１つのものを使用してつくった音を聴き，どのものでつくられた音かをグループで考える。 使用する音の例：キーホルダーを振る／櫛の歯をこする／紙をはためく，破る，丸める／水または米を注ぐ／ペンをタップする／ベルを鳴らす／瓶に蓋をねじ込む 発展編 グループのメンバーの話し声や歌声，あるいは足音を他のメンバーが聴き分ける。	・キーホルダー ・櫛 ・紙 ・水 ・米 ・ペン ・ベル ・瓶 ・環境の音
体の音の認識：ボディーノイズゲーム	体から出る音に対して意識を高める	参加者は目を閉じる。リーダーは自分の体の一部の音が聴こえるように動く。参加者は，リーダーが体のどの部分を動かし，何を行ったのか推測する。 動作の例：頭をかく／硬いもので指を叩く／硬い床で足をスライドさせる／鼻をかむ／咳払いをする／あくびをする／両手をこする／飲み込む	体を動かすことによって出る音

9)　Miller, J.K., "The Montessori music curriculum for children up to six years of age," Ph.D. dissertation, Case Western Reserve University, 1981, pp.84-89.

ワーク12－7　「リズム」領域：名前のリズムを叩く

保育者は４拍子に合わせて手拍子を叩きながら，子どもの名前を言う。手拍子によるリズムは，途切れないようにしながら子どもの名前を言うことが大切である。

図12－3　譜例：名前のリズムの例

10)　前掲書9), pp.245-249.

　　　この活動を繰り返すことで，子どもは自分の名前のリズムと同じリズムの子どもを見つけ，リズム感覚を身に付ける。さらにこの活動は，クラス全体でコミュニケーションをとるために効果的である[10]。リズムの題材として，就学前

施設での生活において，子どもにとって身近なものを取り上げて行うこともできる[11]。

11）前掲書9），pp.235-253.

ワーク12－8　チャントのリズム

まず，保育者が一定のリズムと節をもつ短い文章（チャント）にリズムを付ける手本を示す。その後，子どもに詩やリズムのアイディアを求めながら活動を進める。例えば，図12－3に示すような「鳥が鳴くよ　木の上で」という短い詩を子どもがつくった場合，保育者と子どもがやりとりする中で詩にリズムを付けていく。子どもがリズムの表記を修得している場合は，チャントとそのリズムを書き表す[12]。音感ベルの活動では，音高感覚を身に付けながらメロディーの創作方法を学ぶ。これらを組み合わせることで，子どもは作詞・作曲の技法を修得していく。

図12－4　譜例：チャントのリズム

12）前掲書9），p.276.

演習課題

課題1：「きのこ」（まどみちお詞，くらかけ昭二曲）で補足リズム（メロディーをステップしながら，メロディーの空間を埋めるように手拍子を叩く）を体験してみよう。

課題2：わらべうた「あんたがたどこさ」にオスティナートを付けて演奏してみよう。

課題3：コダーイのハンドサインとレターサインを使って，わらべうたを歌ってみよう。

課題4：様々な音素材を準備して，リスニングゲームをやってみよう。

参考文献

石丸由理『基礎からわかるリトミック！リトミック！』ひかりのくに，2017.

エリザベス パンドゥレスパー，石丸由理訳『ダルクローズのリトミック（リトミック教育のための原理と指針）』ドレミ音楽出版社，2012.

岸辺成雄編『音楽大事典 第2巻』平凡社，1982.

黒柳徹子『窓際のトットちゃん』講談社，1981.

コダーイ芸術教育研究所『わらべうた　わたしたちの音楽－保育園・幼稚園の実践－』明治図書出版，2008.

ジョージ グローブ他，柴田南雄・遠山一行総監修『ニューグローヴ世界音楽大事典 第6巻』講談社，1994.

ロイス チョクシー・ロバート エイブラムソン他著，板野和彦訳『音楽教育メソードの比較 コダーイ，ダルクローズ，オルフ，CM』全音楽譜出版社，2016.

コラム　　子どもの家（Casa dei Bambini）

　現在にいたるまで，日本で実践されているモンテッソーリ・メソッドは，女性医師のモンテッソーリによって考案された幼児のための教育法である。モンテッソーリは，子どもには自ら成長していこうとする生命力が生まれながらに備わっているため，適切な時期に，子どもの必要とする環境が与えられれば，自分で成長するということを発見した。その環境として，モンテッソーリが初めて開設したのが，イタリア・ローマの「子どもの家」である。ここでは「子どもの家」について紹介する。

　1907（明治40）年に初めて開設された「子どもの家」は，イタリアのスラム街という厳しい環境にあったため，そこで生活する子どもは精神的にも荒れ果てており，過酷な状況にあった。しかし，「子どもの家」に設置された「モンテッソーリ教具」（以下，教具）と呼ばれる教材を用いた活動を，子どもが集中しながら何度も繰り返していったことで，精神的な落ち着きを取り戻し，本来のよい状態へと変化していったのである。その子どもの変化は世に知られることになり，世界中から「子どもの家」へ参観者が訪れるようになった。現在では，世界の各地にモンテッソーリ・メソッドを実践する場として「子どもの家」が数多く開設されている。

写真12-3　オランダの「子どもの家」

　「子どもの家」には，「日常生活」，「感覚」，「言語」，「数」，「文化」と呼ばれる5つの分野に応じて，おおよそ100もの教具が配置されている。子どもは登園すると着替えをし，これらの教具の中から自分がしたいことを決め，活動に取り掛かる。子どもが活動している時には，

写真12-4　地図の活動に取り組む子ども

教師は基本的に見守ることに徹し，子どもが困っている時に手助けをする。このようなことから，モンテッソーリ教育では"Help me to do it myself."（自分1人でできるように手伝ってください）というスローガンが世界共通で掲げられている。

特別コラム 「あそび歌」づくりの秘訣

　僕は現在「保育シンガーソングライター」という肩書きで仕事をしています。オリジナルのあそび歌を創作して，全国の保育関連施設であそび歌ライブをしたり，保育者向けにあそび歌研修の講師をしたりすることが主な仕事内容です。今回は，その「あそび歌」創りの話題をピックアップして皆さんにお伝えしたいと思います。

　そもそもあそび歌づくりを始めたきっかけは，都内の公立保育所に勤務してすぐの頃，「一緒に子どもの歌をつくらないか？」と，先輩の保育者Tから誘われたことでした。高校生の頃に軽音楽部に所属し，オリジナルの歌もつくっていたので，新人のプロフィールに「趣味は作詞・作曲です」と書いていたのを，その先輩がみつけてのお声掛けでした。面白そう，と思い，すぐにオッケーはしたものの…「子どもの歌ってどんな歌だろう？」と最初はよくわからないところからのスタートでした。

　1年目は3歳児クラスの担任になりました。子どもたちの様子を毎日見ている中で，「どうやら子どもは乗り物が好きらしい」ということに気が付いたのです。そこで「電車」の歌をつくって「電車ごっこをして遊んでみよう」と思い立ちました。さっそくつくって，次の日に実践してみました。「さあ，今日は電車ごっこするよ」と始めてはみたものの，子どもたちが話を聴いてくれない状態…。一緒に組んでいた先輩保育者Sがフォローしてくれ，なんとか遊び始めましたが，全然盛り上がらず，散々な結果になってしまいました。ものすごく落ち込みました。「子どもの歌づくりなんて無理だ」「そもそも保育者にも向いてないんじゃないか」などなどマイナスなことばかりが頭の中を支配していたと思います。

　そんな気持ちを引きずったまま次の日がやってきました。その日は散歩に出かける予定になっていたので，僕が先頭で歩き出しました。すると後ろから聴いたことのあるメロディーが聴こえて来たのです。「でんしゃにのって♪　ゴーゴー♪」それは，僕がつくって，前の日に電車ごっこで使用した歌でした。1人が口ずさむと，いつのまにか他の子も歌いだして，大合唱になったのです！　うれしいやら，ビックリしたやら。その時，3歳児に「せんせい，もっとたのしんだほうがいいんじゃない？」と背中を押された気がしました。後で冷静になって思い返すと，あの時の自分は，一生懸命に電車ごっこを「させよう」としてしまっていたのではないかと思います。そんな未熟さを，子どもたちは見事に見抜いていたのかもしれません。それから，子どもたちの前で「もっとリラックスして楽しまないと」と改めて思うようになりました。とはいえ，電車の歌は子どもたちの中に入り込ん

でくれたわけですから、「子どもの姿」からつくるというのは間違いではなかったわけです。こうして初めてのあそび歌が誕生しました。

　自分がつくった歌を子どもたちが歌ってくれるといううれしさは病みつきになります。それからも毎日子どもたちの姿や遊びからたくさんのあそび歌のきっかけをもらいました。

　1歳児クラスの担任をした時「うちの娘は男の人が苦手なんです」と保護者から言われたことがありました。そのS児と打ち解けるきっかけになればと思い、毎日S児を観察していました。すると、給食の納豆ごはんをとても美味しそうに食べる姿が見られました。1歳児が納豆を食べる様子はなかなか壮絶なのですが。とにかく、「納豆」をテーマにふれあいあそび歌をつくってみました。さっそくS児と遊んでみると「ニコッ」と微笑んでくれました。S児との関係が前進したのを感じました。その時「苦手って言われたことで、もしかしたら僕自身もどこか壁をつくってしまっていたかもしれない」という気付きもありました。「子どもが原点」でつくるあそび歌は、子どもたちに近づくことができるきっかけにもなるということです。

　さらにあそび歌の世界を広げてくれるきっかけになったのは、子どもたちの「つぶやき」です。2歳児クラスを担任していた時、すごくブランコが好きなM児という女の子がいました。本当に気持ちよさそうにブランコに乗っているM児が「こころがあったかくなる」とつぶやいたのです。「なんて素敵なつぶやきだろう」と感動して「ゆらゆらブランコ」という「あそび歌」が生まれました。さっそくM児に歌ってみると、すごく喜んでくれました。こうやって、「子どもの姿」や「子どものつぶやき」から「あそび歌」をつくり、それをまた子どもたちに返していくということが繰り返されました。

　つまりは、あそび歌をつくるヒントは、子どもたちの日常の中にたくさんあるということです。

　「子どもの姿」「子どものつぶやき」「子どもの遊び」「子どもの生活」これらに密着したものをテーマに選ぶことが大切だと考えています。

　「子どもたちの姿から歌をつくるのはわかったけど、歌詞や遊びは考えられても、メロディーを付けるのはやっぱり難しいんじゃない？」と思う人も多いかもしれません。なので、作曲方法についても少し触れてみたいと思います。まず最初に言っておきたいのは、僕は音楽の理論を専門的に学んできたわけではないということです。率直に言えば、感覚でつくっているということなのですが…。それでは何の参考にもならないので、少し順序だてて紹介します。

　まずきっかけになる、子どもの「つぶやき」「姿」「遊び」からイメージを膨らまして、「歌詞」をつくります。この歌詞を書きながら、明るいメロディーにしよう等、曲のイメージも同時に沸いてきます。そして、メロディーを付ける上で、もっとも重要なのは「歌詞」に出てくる一つ一つの「言葉」です。例えば「ありがとう」という言葉を自然に発音

ひらひらおちば

詞・曲　荒巻シャケ

すると「あ」よりも「り」の方が音が高くなるのがわかるでしょうか？　そんなふうに，言葉にはもともと音程のようなものが備わっているので，その言葉を何度もつぶやいているうちに，メロディーが浮かび上がってくるわけです。なので，作曲する時には，楽器は使わずに鼻歌でつくっています。その方が，子どもたちが口ずさみやすい自然なメロディーになるからです。曲の長さにもこだわっています。子どもたちはあそび歌を気に入ってくれると「もういっかい」とリクエストをくれます。最高のほめ言葉です。「もういっかい」が出るあそび歌は，概ね「8小節」程度までのものが多いと感じています。起承転結がわかりやすく，子どもにとっても大人にとっても「もう一度歌ってもよい」と思える，ちょうどよい長さなのかもしれません。1曲「ひらひらおちば」を紹介します。

　同じ言葉の繰り返しで，遊びもわかりやすいので，乳児でも気軽に何度も楽しむことができるあそび歌です。

　つくったときにはまだ作品じゃなくて，子どもたちと遊び込んで行くうちに段々と作品

ぐるぐるヘリコプター

詞・曲　荒巻シャケ

ヘリコプター　ヘリコプター　プロペラ　まわしー

ヘリコプター　ヘリコプター　とんでゆけ　ゴー

①前奏　②ヘリコプターヘリコプタープロペラまわし　③け　④ゴー
　　　　　ヘリコプターヘリコプターとんでゆ

頭の上でバンダナをまわす。　ジャンプしながら①の動き。　下ろして投げる準備。　頭上に投げてキャッチ。

になっていく。あそび歌にはそういう側面もあると思っています。前頁で紹介した「ひらひらおちば」でいえば、「ちょっとアレンジ」で紹介している遊びは、歌って遊んでいるうちに、自然と子どもたちがそういう姿になっていき、できた遊びです。その他、「落ち葉で何して遊ぶ？」と子どもたちに問い掛けてみたりしながら遊ぶこともあります。

　ものを使うことで、さらに遊びが楽しくなる場合もあります。歌に合わせて布を振り回し、投げるだけの遊びですが、子どもたちの「もういっかい」のリクエストもとても多い曲「ぐるぐるヘリコプター」です。つくったときには、布をくるくる回すのは子どもには難しいので、3・4・5歳児向きの遊びと考えていたのですが、実際に遊んでいるうちに「0歳児クラスで盛り上がってます」という実践を多くの園からいただき、驚いた曲でもあります。実際に0歳児のクラスで歌ってみたら、ヘリコプターは飛ばないのですが。曲に合わせて、ひたすら布をふりふりして遊ぶ姿が見られました。大人が勝手に何歳の遊びって決め付ける必要ないんだ、と改めて0歳児から学ばせてもらいました。

　現在年間で160公演ほど、あそび歌ライブをしていますが、同じあそび歌を同じように歌って遊んでも、そこに集う人によって、反応は全然違うのが面白いところです。「明日の園はどんな反応かな？」とワクワクがとまらない毎日を過ごさせてもらってます。

資料1　音楽のしくみ：はじめの一歩
―子どもの音楽表現を支えるために―

　今日我々を取り巻く音楽の大半は，元々近代ヨーロッパで成立した音楽のしくみに基づいている。日本の子どもの歌やポップスもこれに基づいてつくられている。だが，これは世界の音楽文化の一つに過ぎず，人間は歴史の中でこれ以外にも様々な音楽のしくみを生み出してきた。アフリカ，アジア，明治期以前から受け継がれる日本の音楽にも，その地域や時代背景，生活様式との関わりの中で生み出されてきたそれぞれの音楽のしくみがある。

　子どもは，特定の音楽のしくみを知らずに生まれ，モノや環境と関わりながら成長する中で，彼らを取り巻く文化に根ざした音楽のしくみを経験的に学習していく。その経験は，保育者が子どもの音楽表現を支える知識と視点をもっていることでいっそう豊かになる。さあ，音楽のしくみを知るはじめの一歩を踏み出そう。

1　音色と楽器

　まずは音である。人間が楽器をつくり出した理由は未知だが，よりよく音を出したいという意図がそこにはあったはずだ。民族音楽学者のザックスとホルンボステルは，楽器を音の鳴らし方によって次の5つに分類している。

表1　楽器の音の鳴らし方による分類

楽器の体（body）が鳴る楽器	楽器に張った膜が鳴る楽器	弦が鳴る楽器	楽器を通して空気が鳴る楽器	電気で音が鳴る楽器
鈴，木・鉄琴，カスタネット等	太鼓，タンブリン，カホン等	ピアノ，ヴァイオリン，ギター等	笛，鍵盤ハーモニカ等	シンセサイザー，エレキギター等

出典）クルト ザックス，柿木吾郎訳『楽器の歴史（上・下）』全音楽譜出版社，1998.

　活動：様々な楽器やモノで，どんな音が出せるか探したり，探した音で誰かと会話したりしてみよう。

2　リズム（拍・拍子）

　リズムとは，音楽の最も根源的な要素で，音の時間的進行の構造である[*1]。グロヴナークーパー（Grosvenor Cooper）とレナード マイヤー（Leonard Meyer）によれば，規則的で等間隔な刺激が繰り返されるものを「パルス」と呼び，ここになんらかのアクセントと非アクセントの区別がついたものを「拍」と呼ぶ。このアクセントが周期的に繰り返されると「拍子」となる。そして，このアクセントのある「拍」とアクセントのない「拍」が

グループ化されたものが「リズム」なのである*²。図１では，リズムを「拍節的なもの」と「拍節的でない」ものに分類し，さらに拍節的なものとして「分割リズム」と「付加リズム」，拍節的でないものとして「自由リズム」に分類した。

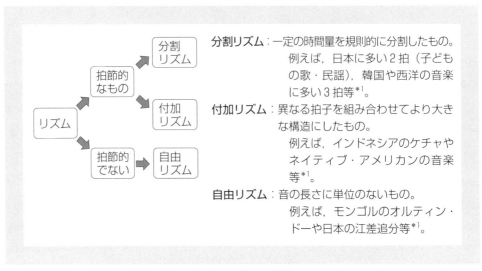

図１　リズムの構造

譜例１　拍・拍子の種類の例

3　言葉の抑揚とメロディーの動き

　話し言葉の抑揚は，メロディーの成り立ちと関わっている。例えば日本のわらべうたは，主に２・３の音の組み合わせでできている。その構造をみると，言葉の抑揚とメロディーの高低が一致するものが多い。こうした一致は国内外の様々なメロディーに多くみられる。一方Ｊ–popをはじめとしたポップス楽曲では，言葉の抑揚とは無関係なメロディーも多い。

譜例２　わらべうたの例

　活動：言葉の抑揚を活かして，鼻歌で短いわらべうた風の旋律をつくってみよう。

4　音　階

簡単にいえば「音の階段」であり，音の高さの順に並べたもので，文化によって異なり，世界中に様々な音階がある。ここでは子どもと遊びやすい日本の音階を紹介しよう。

譜例3　日本の音階例

活動：音階を選び，カッコでくくった3つの音を用いて，木琴等で即興的に旋律をつくってみよう。選んだ音階を間違えることを気にするよりも，楽器とふれあい，音の響きを楽しむことを大切にしよう。

5　反復・応答・変化

世界の地域・時代を問わない音楽の基本的なしくみとして，反復がある。特定のリズムやメロディーのパターンの反復によって，多くの音楽は展開される。子どものつくりうたも，よく聴くと反復がみられることが多く，その反復が「変化」することによって，より音楽を楽しむことができるのである。

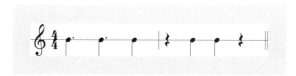

譜例4　キューバの音楽にみられるクラーベのリズムの反復

譜例5　ロックにみられる8ビートのリズムの反復

活動：普段よく聴く音楽や，テレビやインターネットで触れる音楽にみられる反復を探してみよう。

音楽的な反復に対して応答する構造も，世界中の音楽にみられる。次頁の楽譜のように，子どもの表現を保育者が反復して応答したり，4小節目のように変化させたりしてみ

よう。こうした呼応的なやりとりはコール＆レスポンスと呼ばれる。

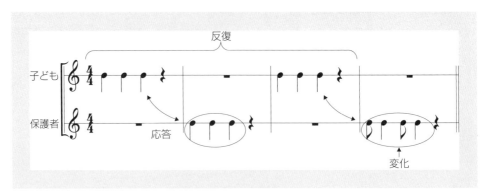

譜例6　呼応的なやりとり

活動：手や足，身の回りのモノや楽器，声で反復するリズムをつくってみよう。そのリ
　　　ズムに，さらに別のリズムを重ねたり，応答し合ったり，リズムを変化させたりし
　　　て，即興的に演奏してみよう。

　以上は，世界中の音楽を成り立たせる基本構造のごく一部である。保育における子ども
の歌，クラシック，J-pop等のポピュラー音楽は，これらの要素が複雑化したものだと
いえる。普段聴く音楽を，ここで紹介した要素をもとに分析的に聴いてみると，その音楽
の新たな魅力に気付くはずだ。

6　保幼小接続の視点

　小学校音楽科学習指導要領の学習内容に，〔共通事項〕というものがある。〔共通事項〕
の中には，「音楽を形づくっている要素」を指導することが明記されているが，これらは
前記の内容で紹介した音楽のしくみ
と共通した内容が多い。

　このように保育における音楽表現
は小学校以降の音楽教育での学習内
容に接続している。保育者（幼稚園教
諭・保育士・保育教諭をいう）が音楽の
しくみを知り，保育に活かすことは，
音楽表現の側面から保幼小接続を推
進することにもつながるのである。

表2　「音楽を形づくっている要素」の内容

ア　音楽を特徴付けている要素
音色，リズム，速度，旋律，音の重なり，和音の響き，音階，調，拍，フレーズなど
イ　音楽の仕組み
反復，呼びかけとこたえ，変化，音楽の縦と横との関係など

出典）文部科学省『小学校学習指導要領』〔第2章 第6
　　　節 第3 2（8）〕2017.

＊1　松村 明編『大辞林 第3版』2006.
＊2　グロヴナー クーパー・レナード マイヤー，徳丸吉彦・北川純子共訳『新訳 音楽リズムの構造』
　　　音楽之友社，2009.

幼稚園教育要領（平成29年告示）

表　現

〔感じたことや考えたことを自分なりに表現することを通して，豊かな感性や表現する力を養い，創造性を豊かにする。〕

1　ねらい

(1)　いろいろなものの美しさなどに対する豊かな感性をもつ。

(2)　感じたことや考えたことを自分なりに表現して楽しむ。

(3)　生活の中でイメージを豊かにし，様々な表現を楽しむ。

2　内　容

(1)　生活の中で様々な音，形，色，手触り，動きなどに気付いたり，感じたりするなどして楽しむ。

(2)　生活の中で美しいものや心を動かす出来事に触れ，イメージを豊かにする。

(3)　様々な出来事の中で，感動したことを伝え合う楽しさを味わう。

(4)　感じたこと，考えたことなどを音や動きなどで表現したり，自由にかいたり，つくったりなどする。

(5)　いろいろな素材に親しみ，工夫して遊ぶ。

(6)　音楽に親しみ，歌を歌ったり，簡単なリズム楽器を使ったりなどする楽しさを味わう。

(7)　かいたり，つくったりすることを楽しみ，遊びに使ったり，飾ったりなどする。

(8)　自分のイメージを動きや言葉などで表現したり，演じて遊んだりするなどの楽しさを味わう。

3　内容の取扱い

上記の取扱いに当たっては，次の事項に留意する必要がある。

(1)　豊かな感性は，身近な環境と十分に関わる中で美しいもの，優れたもの，心を動かす出来事などに出会い，そこから得た感動を他の幼児や教師と共有し，様々に表現することなどを通して養われるようにすること。その際，風の音や雨の音，身近にある草や花の形や色など自然の中にある音，形，色などに気付くようにすること。

(2)　幼児の自己表現は素朴な形で行われることが多いので，教師はそのような表現を受容し，幼児自身の表現しようとする意欲を受け止めて，幼児が生活の中で幼児らしい様々な表現を楽しむことができるようにすること。

(3)　生活経験や発達に応じ，自ら様々な表現を楽しみ，表現する意欲を十分に発揮させることができるように，遊具や用具などを整えたり，様々な素材や表現の仕方に親しんだり，他の幼児の表現に触れられるよう配慮したりし，表現する過程を大切にして自己表現を楽しめるように工夫すること。

保育所保育指針（平成29年告示）

2　1歳以上3歳未満児の保育に関わるねらい及び内容

オ　表　現

感じたことや考えたことを自分なりに表現することを通して，豊かな感性や表現する力を養い，

創造性を豊かにする。

（ア）ねらい

①　身体の諸感覚の経験を豊かにし，様々な感覚を味わう。

②　感じたことや考えたことなどを自分なりに表現しようとする。

③　生活や遊びの様々な体験を通して，イメージや感性が豊かになる。

（イ）内　容

①　水，砂，土，紙，粘土など様々な素材に触れて楽しむ。

②　音楽，リズムやそれに合わせた体の動きを楽しむ。

③　生活の中で様々な音，形，色，手触り，動き，味，香りなどに気付いたり，感じたりして楽しむ。

④　歌を歌ったり，簡単な手遊びや全身を使う遊びを楽しんだりする。

⑤　保育士等からの話や，生活や遊びの中での出来事を通して，イメージを豊かにする。

⑥　生活や遊びの中で，興味のあることや経験したことなどを自分なりに表現する。

（ウ）内容の取扱い

上記の取扱いに当たっては，次の事項に留意する必要がある。

①　子どもの表現は，遊びや生活の様々な場面で表出されているものであることから，それらを積極的に受け止め，様々な表現の仕方や感性を豊かにする経験となるようにすること。

②　子どもが試行錯誤しながら様々な表現を楽しむことや，自分の力でやり遂げる充実感などに気付くよう，温かく見守るとともに，適切に援助を行うようにすること。

③　様々な感情の表現等を通じて，子どもが自分の感情や気持ちに気付くようになる時期であることに鑑み，受容的な関わりの中で自信

をもって表現をすることや，諦めずに続けた後の達成感等を感じられるような経験が蓄積されるようにすること。

④　身近な自然や身の回りの事物に関わる中で，発見や心が動く経験が得られるよう，諸感覚を働かせることを楽しむ遊びや素材を用意するなど保育の環境を整えること。

3　3歳以上児の保育に関するねらい及び内容
オ　表　現

感じたことや考えたことを自分なりに表現することを通して，豊かな感性や表現する力を養い，創造性を豊かにする。

（ア）ねらい

①　いろいろなものの美しさなどに対する豊かな感性をもつ。

②　感じたことや考えたことを自分なりに表現して楽しむ。

③　生活の中でイメージを豊かにし，様々な表現を楽しむ。

（イ）内　容

①　生活の中で様々な音，形，色，手触り，動きなどに気付いたり，感じたりするなどして楽しむ。

②　生活の中で美しいものや心を動かす出来事に触れ，イメージを豊かにする。

③　様々な出来事の中で，感動したことを伝え合う楽しさを味わう。

④　感じたこと，考えたことなどを音や動きなどで表現したり，自由にかいたり，つくったりなどする。

⑤　いろいろな素材に親しみ，工夫して遊ぶ。

⑥　音楽に親しみ，歌を歌ったり，簡単なリズム楽器を使ったりなどする楽しさを味わう。

⑦　かいたり，つくったりすることを楽しみ，遊びに使ったり，飾ったりなどする。

⑧　自分のイメージを動きや言葉などで表現したり，演じて遊んだりするなどの楽しさを味

わう。

（ウ）　内容の取扱い

上記の取扱いに当たっては，次の事項に留意する必要がある。

① 豊かな感性は，身近な環境と十分に関わる中で美しいもの，優れたもの，心を動かす出来事などに出会い，そこから得た感動を他の子どもや保育士等と共有し，様々に表現することなどを通して養われるようにすること。その際，風の音や雨の音，身近にある草や花の形や色など自然の中にある音，形，色などに気付くようにすること。

② 子どもの自己表現は素朴な形で行われることが多いので，保育士等はそのような表現を受容し，子ども自身の表現しようとする意欲を受け止めて，子どもが生活の中で子どもらしい様々な表現を楽しむことができるようにすること。

③ 生活経験や発達に応じ，自ら様々な表現を楽しみ，表現する意欲を十分に発揮させることができるように，遊具や用具などを整えたり，様々な素材や表現の仕方に親しんだり，他の子どもの表現に触れられるよう配慮したりし，表現する過程を大切にして自己表現を楽しめるように工夫すること。

幼保連携型認定こども園教育・保育要領
（平成29年告示）

第2　満1歳以上満3歳未満の園児の保育に関するねらい及び内容
表　現
〔感じたことや考えたことを自分なりに表現することを通して，豊かな感性や表現する力を養い，創造性を豊かにする。〕

1　ねらい
(1) 身体の諸感覚の経験を豊かにし，様々な感覚を味わう。

(2) 感じたことや考えたことなどを自分なりに表現しようとする。

(3) 生活や遊びの様々な体験を通して，イメージや感性が豊かになる。

2　内　容
(1) 水，砂，土，紙，粘土など様々な素材に触れて楽しむ。

(2) 音楽，リズムやそれに合わせた体の動きを楽しむ。

(3) 生活の中で様々な音，形，色，手触り，動き，味，香りなどに気付いたり，感じたりして楽しむ。

(4) 歌を歌ったり，簡単な手遊びや全身を使う遊びを楽しんだりする。

(5) 保育教諭等からの話や，生活や遊びの中での出来事を通して，イメージを豊かにする。

(6) 生活や遊びの中で，興味のあることや経験したことなどを自分なりに表現する。

3　内容の取扱い
上記の取扱いに当たっては，次の事項に留意する必要がある。

(1) 園児の表現は，遊びや生活の様々な場面で表出されているものであることから，それらを積極的に受け止め，様々な表現の仕方や感性を豊かにする経験となるようにすること。

(2) 園児が試行錯誤しながら様々な表現を楽しむことや，自分の力でやり遂げる充実感などに気付くよう，温かく見守るとともに，適切に援助を行うようにすること。

(3) 様々な感情の表現等を通じて，園児が自分の感情や気持ちに気付くようになる時期であることに鑑み，受容的な関わりの中で自信をもって表現をすることや，諦めずに続けた後の達成感等を感じられるような経験が蓄積されるようにすること。

(4) 身近な自然や身の回りの事物に関わる中で，発見や心が動く経験が得られるよう，諸感覚を働かせることを楽しむ遊びや素材を用

意するなど保育の環境を整えること。

第3　満3歳以上の園児の教育及び保育に関する ねらい及び内容
表　現
〔感じたことや考えたことを自分なりに表現することを通して，豊かな感性や表現する力を養い，創造性を豊かにする。〕

1　ねらい
(1)　いろいろなものの美しさなどに対する豊かな感性をもつ。
(2)　感じたことや考えたことを自分なりに表現して楽しむ。
(3)　生活の中でイメージを豊かにし，様々な表現を楽しむ。

2　内　容
(1)　生活の中で様々な音，形，色，手触り，動きなどに気付いたり，感じたりするなどして楽しむ。
(2)　生活の中で美しいものや心を動かす出来事に触れ，イメージを豊かにする。
(3)　様々な出来事の中で，感動したことを伝え合う楽しさを味わう。
(4)　感じたこと，考えたことなどを音や動きなどで表現したり，自由にかいたり，つくったりなどする。
(5)　いろいろな素材に親しみ，工夫して遊ぶ。
(6)　音楽に親しみ，歌を歌ったり，簡単なリズム楽器を使ったりなどする楽しさを味わう。

(7)　かいたり，つくったりすることを楽しみ，遊びに使ったり，飾ったりなどする。
(8)　自分のイメージを動きや言葉などで表現したり，演じて遊んだりするなどの楽しさを味わう。

3　内容の取扱い
上記の取扱いに当たっては，次の事項に留意する必要がある。
(1)　豊かな感性は，身近な環境と十分に関わる中で美しいもの，優れたもの，心を動かす出来事などに出会い，そこから得た感動を他の園児や保育教諭等と共有し，様々に表現することなどを通して養われるようにすること。その際，風の音や雨の音，身近にある草や花の形や色など自然の中にある音，形，色などに気付くようにすること。
(2)　幼児期の自己表現は素朴な形で行われることが多いので，保育教諭等はそのような表現を受容し，園児自身の表現しようとする意欲を受け止めて，園児が生活の中で園児らしい様々な表現を楽しむことができるようにすること。
(3)　生活経験や発達に応じ，自ら様々な表現を楽しみ，表現する意欲を十分に発揮させることができるように，遊具や用具などを整えたり，様々な素材や表現の仕方に親しんだり，他の園児の表現に触れられるよう配慮したりし，表現する過程を大切にして自己表現を楽しめるように工夫すること。

● 索 引

● 編著者 〔執筆分担〕

駒 久美子
こま くみこ
千葉大学教育学部 准教授 第1章1，第2章1，第4章コラム

味府美香
あじふみか
東京成徳大学子ども学部 准教授 第7章コラム，第10章2・3，第11章2

● 著者（五十音順）

疇地希美
あぜちのぞみ
同朋大学社会福祉学部 講師 第8章・コラム

荒巻シャケ
あらまき
保育シンガーソングライター・ 第2章2・コラム，特別コラム
日本児童教育専門学校 非常勤講師

甲斐万里子
かいまりこ
和洋女子大学人文学部 准教授 第10章1・コラム，第11章3

木下和彦
きのしたかずひこ
宮城教育大学教職大学院 准教授 第3章コラム，第7章1，資料1

香曽我部 琢
こうそかべたく
宮城教育大学教育学部 教授 第5章3・コラム，第6章3，第9章3
第12章3

郷津幸男
こうづゆきお
東北文教大学短期大学部 講師 第5章3

千葉修平
ちばしゅうへい
青森明の星短期大学子ども福祉未来学科 講師 第6章1・2・コラム，第7章2

二宮紀子
にのみやのりこ
十文字学園女子大学教育人文学部 教授 第3章1，第4章1，第5章1
第12章2

早川冨美子
はやかわふみこ
國學院大學栃木短期大学人間教育学科 教授 第2章3，第5章2，第11章1

藤尾かの子
ふじおかのこ
エリザベト音楽大学音楽学部 講師 第1章2・3，第12章4・コラム

古山律子
ふるやまりつこ
川村学園女子大学教育学部 教授 第1章コラム，第3章2，第9章1・2
第12章1

松本哲平
まつもとてっぺい
駒沢女子短期大学保育科 准教授 第3章3，第7章3，第11章コラム

若谷啓子
わかやけいこ
帝京大学教育学部 准教授 第4章2・3，第9章コラム

コンパス　音楽表現

2020年（令和2年）4月10日　初 版 発 行
2023年（令和5年）12月20日　第4刷発行

編著者　　駒　　　久美子
　　　　　味 府 美 香

発行者　　筑 紫 和 男

発行所　　株式会社 建 帛 社
　　　　　　　　 KENPAKUSHA

〒112-0011　東京都文京区千石4丁目2番15号
TEL（03）3944-2611
FAX（03）3946-4377
https://www.kenpakusha.co.jp/

ISBN 978-4-7679-5120-1　C3037　　　　教文堂／愛千製本所
©駒 久美子，味府美香ほか，2020.　　　Printed in Japan
（定価はカバーに表示してあります）